Patrick Zöller

Analyse und Klassifizierung von Problemsituationen bei der Einführung einer Service-orientierten Architektur (SOA)

Diplomica® Verlag GmbH

Zöller, Patrick: Analyse und Klassifizierung von Problemsituationen bei der Einführung einer Service-orientierten Architektur (SOA), Hamburg, Diplomica Verlag GmbH 2007

ISBN: 978-3-8366-5574-3
Druck Diplomica® Verlag GmbH, Hamburg, 2007
Zugl. Universität zu Köln, Köln, Deutschland, Diplomarbeit, 2007

Bibliografische Information der Deutschen Bibliothek
Die Deutsche Bibliothek verzeichnet diese Publikation in der Deutschen
Nationalbibliografie;
detaillierte bibliografische Daten sind im Internet über
<http://dnb.ddb.de> abrufbar.

© Diplomica Verlag GmbH
http://www.diplom.de, Hamburg 2007
Printed in Germany

Inhaltsverzeichnis

Abkürzungsverzeichnis

B2B   Business-To-Business

BPM   Business Process Management

BPMS   Business Process Management System

CORBA   Common Object Request Broker Architecture

EAI   Enterprise Application Integration

EDA   Event Driven Architecture

EDM   Enterprise Data Model

HTTP   Hypertext Transfer Protocol

IDL   Interface Definition Language

IEEE   Institute of Electrical and Electronics Engineers

IT   Informationstechnologie (engl. information technology)

MDA   Model Driven Architecture

OASIS   Organization for the Advancement of Structured
                Information Standards

OMG   Object Management Group

PIM   Platform Independent Model

PSM   Platform Specific Model

ROI   Return on Investment

SLA   Service Level Agreement

SOA   Service-orientierte Architektur

SOAP	Simple Object Access Protocol
UDDI	Universal Description, Discovery and Integration
UML	Unified Modeling Language
W3C	World Wide Web Consortium
WSDL	Web Service Definition Language
XML	Extensible Markup Language

Abbildungsverzeichnis

Tabellenverzeichnis

1. Einleitung

Service-orientierte Architekturen (SOA) werden zurzeit in der Fachpresse und von Experten stark diskutiert.[1] Der Begriff wurde Mitte der neunziger Jahre geprägt,[2] und beschreibt ein auf Services ausgerichtetes Architekturkonzept.[3] Von einigen Experten wird SOA als logischer Evolutionsschritt im Kontext der Softwarearchitekturen bezeichnet,[4] von anderen hingegen als „alter Wein in neuen Schläuchen"[5]. Konsens besteht jedoch weitgehend darin, dass mit SOA zum ersten Mal ein Softwarearchitekturkonzept diskutiert wird, welches nicht, wie die konventionellen Architekturkonzepte, stark technologieorientiert ist und von den entsprechenden IT-Abteilungen motiviert wird, sondern in stärkerem Maße fachliche Aspekte reflektiert und sich an den Anforderungen der Geschäftsmodelle eines Unternehmens orientiert.[6]

1.1 Problemstellung

In der Literatur findet sich eine Vielzahl von Beiträgen und Publikationen zum Themengebiet der SOA sowie einige unterschiedliche Definitionen.[7] Jedoch ist kaum eine umfassende Abhandlung oder Darstellung von potenziellen Problemsituationen bei der Einführung einer SOA erschienen. Problemsituationen vor oder während der Einführung einer SOA, die spät oder gar nicht identifiziert werden, können negative Folgeerscheinungen verursachen.[8] Diese unerwünschten Folgen können Zeitverzögerungen und erhöhte Ausgaben sein, welche die Einhaltung des Projektplans und der Budgetierung und somit auch den erfolgreichen Abschluss einer SOA-Einführung gefährden. Daher ist es wünschenswert, potenzielle Problemsituationen möglichst frühzeitig identifizieren zu können, um diese bestenfalls zu vermeiden oder rechtzeitig geeignete Maßnahmen zu ergreifen.

---

[1] Vgl. z. B. Reinheimer, u. a. /SOA/ 7 sowie Gallas /Servic Life Cycle/ 235.

[2] Vgl. Natis /SOA Scenario/ 2.

[3] Weiterführende Definitionen werden in Kapitel 2. Theoretische Grundlagen der Service-orientierten Architektur diskutiert.

[4] Vgl. z. B. Stantchev, Malek /SOA/ 251-252 sowie Cearley, Fenn, Plummer /Five hottest IT Topics/ 3.

[5] Oey u. a. /SOA/ 201.

[6] Vgl. z. B. Cearley, Fenn, Plummer /Five Hottest IT-Topics/ 3-4.

[7] Siehe Kapitel 2. Theoretische Grundlagen der Service-orientierten Architektur.

[8] Vgl. zu diesem und dem folgenden Satz Erl /SOA Concepts/ 362.

Eine Analyse und Klassifizierung von potenziellen Problemsituationen bei der Einführung einer SOA kann helfen, die oben genannten negativen Folgen zu vermeiden und somit den erfolgreichen Abschluss einer SOA-Einführung sicherzustellen.

Wie eingangs erwähnt, sind bisher kaum umfassende Abhandlungen zu Problemsituationen bei der Einführung einer SOA in der Literatur dargestellt worden; vereinzelt werden jedoch einige Aspekte aufgegriffen. So setzt sich Barry vornehmlich mit Herausforderungen im Bereich Change-Management auseinander.[9] Marks und Bell geben Handlungsempfehlungen zu Serviceidentifizierung, -analyse und -design und greifen in diesem Zusammenhang die Problematik der Festlegung einer geeigneten Granularität[10] der Services auf.[11] Krafzig, Banke und Slama geben einen kurzen Überblick über die Herausforderungen der einzelnen Rollen in einem Unternehmen.[12] Kurz vor Fertigstellung dieser Arbeit erschien ein Artikel von Durst und Daum über Erfolgsfaktoren von SOA in der Fachzeitschrift „HMD – Praxis der Wirtschaftsinformatik".[13] Die in diesem Artikel dargestellten Erfolgsfaktoren korrespondieren zum Teil mit den Problemsituationen, die im Rahmen der Studie zu dieser Arbeit identifiziert wurden. In erster Linie wird dadurch das Interesse an der Forschungsfrage bestätigt, da in der Fachwelt ein Bedarf zur Identifizierung und Klassifizierung von Problemsituation bzw. zur Nennung geeigneter Erfolgsfaktoren bei der Einführung einer SOA besteht.

1.2 Ziel der Arbeit

Das Ziel der Arbeit ist die Analyse und Klassifizierung potenzieller Problemsituationen bei der Einführung einer SOA. Zur Erreichung des Hauptziels werden im Verlauf dieser Arbeit Teilziele erarbeitet.

Ein Teilziel ist die Aufbereitung einer geeigneten Forschungsmethode zur Exploration des Expertenwissens. Mithilfe dieser Forschungsmethode sollen Problemsituationen identifiziert werden, die im Rahmen der anschließenden Diskussion analysiert und klassifiziert werden. Resultierend aus den klassifizierten Problemsituationen sollen Implikationen zum Einführungsprozess einer SOA abgeleitet werden. Darüber hinaus sollen

---

[9] Vgl. Barry /Web Services and SOA/ 100-105.

[10] Unter Granularität wird der Funktionsumfang eines Services verstanden. Vgl. Marks, Bell /SOA/ 109.

[11] Vgl. Marks, Bell /SOA/ 99-149.

[12] Vgl. Krafzig, Banke, Slama /Enterprise SOA/ 251-255.

[13] Vgl. Durst, Daum /Erfolgsfaktoren SOA/ 18-26.

vorbereitende Überlegungen zur Durchführung einer quantitativen Hypothesenüberprüfung der Ergebnisse getroffen werden.

1.3 Vorgehensweise und Aufbau der Arbeit

Die vorliegende Arbeit ist in fünf Kapitel untergliedert. In diesem Kapitel werden die Motivation, die Problemstellung sowie Zielsetzung und Vorgehensweise erläutert. Die theoretischen Grundlagen zum Themengebiet der SOA werden in Kapitel 2 vorgestellt und erarbeitet. In der Literatur findet sich eine Vielzahl von Definitionen, die hier teilweise vergleichend gegenübergestellt werden, um schließlich eine für diese Arbeit gültige Definition anzubieten, die somit als gemeinsame Verständnisgrundlage dient.

Zudem erfolgt eine Begriffsabgrenzung gegenüber verwandten Begriffen wie Enterprise Application Integration, Web Services, Event Driven Architecture und Model Driven Architecture. Darüber hinaus werden die grundlegenden Gestaltungsprinzipien und Komponenten einer SOA beschrieben.

In Kapitel 3 werden Methoden der Datenerhebung und Auswertungstechniken zur Exploration von Expertenwissen vorgestellt, um eine für den Forschungsanspruch dieser Arbeit geeignete Methode abzuleiten. Die Anwendung der Methode dient der Exploration des Expertenwissens zur Identifizierung von Problemsituationen.

Kapitel 4 setzt sich mit der Auswertung und Analyse der Expertenaussagen anhand der schriftlich protokollierten Interviews auseinander. Dazu werden die identifizierten Problemsituationen erläutert und diskutiert, um diese in ein Klassifikationsschema einordnen zu können. Soweit möglich werden die von den Experten genannten Problemsituationen mit Literatur belegt. Darauf aufbauend werden Implikationen zum Einführungsprozess einer SOA abgeleitet und vorbereitende Überlegungen für eine quantitative Hypothesenüberprüfung getroffen. Das Kapitel schließt mit einem Ausblick zum Potenzial von SOA als nachhaltiges Architekturkonzept.

Im abschließenden Kapitel 5 – dem Fazit – werden die Ergebnisse und die Zielerreichung anhand der Zielsetzung reflektiert.

2.   Theoretische Grundlagen der Service-orientierten Architektur

In diesem Kapitel werden die zentralen Begriffe der SOA erläutert und wesentliche Aspekte dieses Architekturkonzepts diskutiert.

Zunächst wird in Kapitel 2.1 die Evolution der SOA kurz dargestellt. In Kapitel 2.2 erfolgt die Definition der Grundbegriffe, die im direkten Zusammenhang mit SOA stehen. Die Abgrenzung der SOA zu anderen Architekturkonzepten wird in Kapitel 2.3 vorgenommen. Kapitel 2.4 beschäftigt sich mit den Gestaltungsprinzipien und in Kapitel 2.5 werden die Basiskomponenten der SOA vorgestellt.

2.1   Evolution der Service-orientierten Architektur

Historisch betrachtet sind seit Beginn der elektronischen Datenverarbeitung Innovationszyklen zu beobachten.[14,15] Angefangen bei der Assemblerprogrammierung, vollzog sich aufgrund gestiegener Anforderungen und damit einhergehender Komplexität, die mit der Assemblerprogrammierung nur schwierig zu beherrschen ist, ein Innovationssprung zu den prozeduralen Programmiersprachen. Auch diese stießen aufgrund der weiter gestiegenen Komplexität bald an ihre Grenzen, so dass das objektorientierte Programmierparadigma in vielen Bereichen Verbreitung fand. Dostal u. a. sehen die Evolutionszyklen der Programmierparadigmen nicht als grundlegend neue Konzepte an, sondern vielmehr als eine weitere „Abstraktionsstufe […], um immer komplexere Szenarien beherrschen zu können."[16] So wie die Objektorientierung die prozedurale Programmierung abstrahiert und diese wiederum die Assemblerprogrammierung, stellt nun im vorerst letzten Schritt die SOA ein höheres Abstraktionsniveau gegenüber der Objektorientierung dar.

Krafzig, Banke und Slama begründen die Evolution der SOA durch den Versuch, die Agilität und Effizienz im Unternehmen zu steigern, indem die heterogenen Systemlandschaften durch unternehmensweite Standards homogenisiert werden.[17] Sie greifen dabei zwei Standardisierungsbemühungen heraus.

---

[14] An dieser Stelle soll keine umfassende Abhandlung der Entwicklungsgeschichte der elektronischen Datenverarbeitung dargelegt werden, sondern der Weg, der die SOA begründet, lediglich kurz dargestellt werden. Der interessierte Leser sei an die einschlägige Literatur verwiesen. Vgl. z. B. Stahlknecht, Hasenkamp /Wirtschaftsinformatik/ 508-521.

[15] Vgl. zu diesem Absatz Dostal u. a. /SOA mit Web Services/ 2.

[16] Dostal u. a. /SOA mit Web Services/ 2.

[17] Vgl. zu diesem Absatz Krafzig, Banke, Slama /Enterprise SOA/ 7-9.

Zum einen kamen in den frühen achtziger Jahren die relationalen Datenbankkonzepte auf.[18] Mit ihnen zog eine Welle der so genannten Enterprise Data Model (EDM)-Projekte einher, mit der Hoffnung, ein unternehmensweites Datenmodell für alle Unternehmensbereiche beschreiben zu können. Die Projekte scheiterten meistens aus machtpolitischen Gründen zwischen verschiedenen Abteilungen, die ihre eigenen Interessen durchsetzen wollten, oder aufgrund der technischen Komplexität des Projektvorhabens. So sind heutzutage in den Unternehmen unterschiedliche Datenbanksysteme mit teilweise redundanter Datenhaltung vorzufinden.

Zum anderen wurde in den neunziger Jahren ein weiterer Versuch unternommen, die heterogene Anwendungslandschaft in den Unternehmen zu homogenisieren. Diesmal sollten unternehmensweite Middleware[19]-Standards den Erfolg versprechen. In diesem Zusammenhang erreichte der Enterprise Software-Bus seine Popularität. Die Hoffnung bestand darin, durch den Einsatz eines technologieunabhängigen, unternehmensweiten Kommunikationsstandards für Softwaremodule das Problem der Anwendungsintegration endgültig gelöst zu haben. Jedoch scheiterte auch dieser Versuch mit dem Resultat, nicht nur weiterhin eine heterogene Anwendungslandschaft, sondern nun auch eine heterogene Middlewareschicht zu haben, da häufig nur lokale Point-to-Point[20]-Integrationen vorgenommen wurden, ohne einen globalen Software-Bus einzuführen.

Letztendlich führten beide Ansätze zur Homogenisierung der Systemlandschaften nicht zum erhofften Erfolg. Hinzu kommt, dass sich in den letzten Jahren die Rahmenbedingungen des IT-Managements im Unternehmen geändert haben, so dass Anforderungen der Kunden und dynamische Änderungen des Unternehmensumfelds eine höhere Flexibilität sowie eine Reduzierung von Time-to-Market[21] verlangen.[22] Diese Markt- und Kundenorientierung zwingen das IT-Management, neue Integrationskonzepte zu entwerfen, Prozesse zu überdenken und neue Strukturen zu etablieren. Serviceorientierung

---

[18] Vgl. Krafzig, Banke, Slama /Enterprise SOA/ 7-8 sowie Zarnekow, Hochstein, Brenner /IT-Management/ 3.

[19] Middleware ist grundlegend jede Art von Software, welche die Kommunikation zwischen zwei oder mehreren Softwaresystemen ermöglicht. Vgl. Linthicum /EAI/ 120.

[20] Auf eine deutsche Übersetzung des Begriffs „Point-to-Point" wird im Kontext dieser Arbeit verzichtet. Die wörtliche Übersetzung ist „Punkt-zu-Punkt".

[21] Auf eine deutsche Übersetzung des Begriffs „Time-to-Market" wird im Kontext dieser Arbeit verzichtet. Der Ausdruck kann mit „Zeitspanne bis zur Marktreife (eines Produktes oder Dienstleistung)" übersetzt werden.

[22] Vgl. Zarnekow, Hochstein, Brenner /IT-Management/ 3-4.

ist das geforderte Paradigma, mit dem zum einen ein Integrationsansatz zur Homogenisierung der Systemlandschaft zur Verfügung stehen soll und zum anderen flexibler auf Marktveränderungen reagiert werden kann.

2.2 Begriffsdefinitionen

Der zentrale Begriff dieser Arbeit setzt sich aus drei Teilen zusammen: Service[23], Orientierung und Architektur. Zunächst wird ein gemeinsames Verständnis dieser Begriffe geschaffen, um als Grundlage für eine Annäherung an den zusammengesetzten Begriff der SOA zu dienen. Dabei ist zunächst festzuhalten, dass der Begriff Orientierung in zweierlei Hinsicht zu verstehen ist. Zum einen als Umschreibung einer Architektur, die sich in hohem Maße an Services orientiert, und zum anderen als Implikation dieser Serviceorientierung die mit dieser Architektur zu erzielende Geschäftsprozessorientierung.

2.2.1 Service

Im Mittelpunkt einer SOA stehen Services.[24] Services sind aufrufbare, in sich abgeschlossene Einheiten bzw. Module mit bestimmter Funktionalität, die über den Austausch bestimmter Nachrichten von einem Servicenehmer[25] in Anspruch genommen werden können.[26] Um diesen Austausch zu ermöglichen, verfügen diese Services über wohldefinierte Schnittstellen. Die Schnittstelle enthält eine Beschreibung des Services, definiert den Zugang sowie die Struktur des Aufrufs und der Antwort. In Kapitel 2.5.2 wird eine umfassendere und detaillierte Beschreibung vorgenommen, die den Service als Komponente des SOA-Basismodells spezifiziert.

2.2.2 Geschäftsprozess

Bevor der Begriff Geschäftsprozess (engl. business process) definiert wird, erfolgt zunächst die Definition des Prozessbegriffs im Allgemeinen. „Ein Prozess ist die Erzeu-

---

[23] Auf eine deutsche Übersetzung dieses zentralen Begriffs „Service" wird im Kontext dieser Arbeit verzichtet. Die wörtliche Übersetzung ist „Dienst".

[24] Vgl. Marks, Bell /SOA/ 2.

[25] Im Folgenden werden die Begriffe Servicenehmer, Servicekonsument und Servicenutzer synonym verwendet.

[26] Vgl. zu diesem und dem folgenden Satz Woods, Mattern /Enterprise SOA/ 323, Marks, Bell /SOA/ 34 sowie Barry /Web Service and SOA/ 19.

gung, Veränderung, kurz Überführung eines Objektes […] durch Aktivitäten von Menschen oder Maschinen in Raum und Zeit mit einem vorgegebenen Ziel."[27] Übertragen auf Organisationen und Unternehmen wird unter einem Geschäftsprozess[28] eine „Folge logisch zusammenhängender Aktivitäten zur Erstellung einer Leistung oder Veränderung eines Objektes [verstanden]. Das Ziel des betriebswirtschaftlichen Geschäftsprozesses ist Wertsteigerung und Wertschöpfung." [29] Geschäftsprozesse verfolgen demnach ein klar definiertes unternehmerisches Ziel. Die einzelnen Aktivitäten können sowohl sequenziell als auch parallel angeordnet sein.[30]

2.2.3 Softwarearchitektur

Die in dem Begriff Softwarearchitektur enthaltenen Komponenten werden wie folgt definiert:

„Software ist der Sammelbegriff für (Computer-)Programme[31] im Allgemeinen. Man unterscheidet Systemsoftware, Entwicklungssoftware und Anwendungssoftware."[32]

„Eine Architektur beschreibt die logische und physikalische Anordnung der Bausteine eines komplexen Systems, sowie die Beziehung zwischen diesen Bausteinen."[33] Somit beschreibt eine Architektur nicht nur eine statische Struktur, sondern auch die Beziehungen zwischen den strukturgebenden Komponenten.[34]

---

[27] Wagner, Schwarzenbacher /Unternehmensprozesse/ 19.

[28] Geschäftsprozess und Unternehmensprozess werden in dieser Arbeit synonym verwendet.

[29] Wagner, Schwarzenbacher /Unternehmensprozesse/ 19 sowie ähnliche Darstellung in Hansen, Neumann /Wirtschaftsinformatik/ 245.

[30] Vgl. Hansen, Neumann /Wirtschaftsinformatik/ 245.

[31] Ein Programm ist eine vollständige Anweisung oder Verarbeitungsvorschrift zur Lösung einer Aufgabe an einem Rechner. Vgl. hierzu Stahlknecht, Hasenkamp /Wirtschaftsinformatik/ 25 sowie Hansen, Neumann /Wirtschaftsinformatik/ 12.

[32] Hansen, Neumann /Wirtschaftsinformatik/ 150. Ergänzend zu der Definition von Hansen und Neumann fügt Helmut Balzert /Grundlagen der Informatik/ 30, „zugehörige Informationen und notwendige Dokumentation" zum Softwarebegriff hinzu.

[33] Hansen, Neumann /Wirtschaftsinformatik/ 131.

[34] Dustdar, Gall, Hauswirth /Software-Architekturen/ 42.

Die Literatur bietet unterschiedliche Definitionen einer Softwarearchitektur.[35] Um ein gemeinsames Verständnis zu schaffen, werden drei Definitionen vorgestellt, um aus den Gemeinsamkeiten eine resultierende Definition abzuleiten.

(1) Bass, Clements und Kazman definieren eine Softwarearchitektur folgendermaßen: Die Softwarearchitektur eines Programms oder Softwaresystems ist die Struktur des Systems, welche die Softwarekomponenten, das nach außen sichtbare Verhalten (Eigenschaften) dieser Komponenten und ihre Beziehungen zueinander beinhaltet.[36]

(2) Krafzig, Banke und Slama verstehen unter einer Softwarearchitektur eine Zusammenstellung von Angaben (engl. statements), die Softwarekomponenten beschreiben und die Funktionalität des Systems diesen Komponenten zuweist. Dabei beschreibt diese die technische Struktur, Randbedingungen und Eigenschaften der Komponenten sowie die Infrastruktur zwischen diesen. Die Architektur ist ein Entwurf (engl. blueprint) für das System und impliziert daher einen Plan zur Erstellung auf höherem Abstraktionsniveau.[37]

(3) Hansen und Neumann liefern folgende Definition: „Die Softwarearchitektur beschreibt die Struktur und die Interaktionsbeziehungen zwischen den verschiedenen Hauptkomponenten[38] eines Systems auf einem relativ grobgranularen Niveau."[39]

In allen Definitionen wird die Sichtweise hervorgehoben, dass Softwarearchitekturen aus Komponenten bestehen, die in einer Beziehung zueinander stehen und interagieren. Bass, Clements und Kazman beschreiben, dass die Komponenten ein bestimmtes, auch nach außen sichtbares Verhalten aufweisen. Nach der Auffassung von Hansen und Neumann beschreibt die Softwarearchitektur das System auf einem grobgranularen Ni-

---

[35] Ferner führen Bass, Clements, Kazman eine Diskussion zur Abgrenzung zwischen den Begriffen Software- und Systemarchitektur und halten fest, dass es einen Unterschied gibt. Systemarchitekturen beschreiben neben den Softwarekomponenten auch die physikalischen Eigenschaften der Hardware und der Kommunikationsinfrastruktur. Dass in der Literatur überwiegend Softwarearchitektur im Mittelpunkt steht, begründen sie dadurch, da hier die Entscheidungsfreiheit des Softwarearchitekten in der Wahl der geeigneten Softwarekomponenten bestünde und darin der kritische Erfolgsfaktor läge. Nichtsdestotrotz würden beim Entwurf einer Softwarearchitektur auch hardwarebezogene Aspekte berücksichtigt werden müssen. Vgl. Bass, Clements, Kazman /Software Architecture/ 34.

[36] Deutsche Übersetzung der Definition von Bass, Clements, Kazman /Software Architecture/ 3, 21.

[37] Deutsche Übersetzung der Definition von Krafzig, Banke, Slama/ Enterprise SOA/ 56.

[38] Hansen und Neumann verstehen unter Hauptkomponenten bspw. ein relationales Datenbanksystem, ein Sicherheitssubsystem oder eine Kommunikationsinfrastruktur. Vgl. Hansen, Neumann /Wirtschaftsinformatik/ 254.

[39] Hansen, Neumann /Wirtschaftsinformatik/ 254.

veau. Diese Sichtweise ist konform mit der von Krafzig, Banke und Slama zum Ausdruck gebrachten Implikation, dass aus der Architektur ein Konstruktionsplan auf einem höheren Abstraktionsniveau abgeleitet werden kann.

Aus diesen Überlegungen resultierend wird eine für diese Arbeit geltende Definition abgeleitet, welche die wesentlichen Aspekte reflektiert.

Eine Softwarearchitektur beschreibt die Struktur eines Systems, welches aus Softwarekomponenten besteht, die in Beziehung zueinander stehen. Jeder Softwarekomponente wird dabei eine konkrete Funktionalität zugewiesen, und sie ist durch ihr nach außen sichtbares Verhalten charakterisiert. Eine Softwarearchitektur hat zudem Entwurfscharakter und beschreibt die Strukturen auf einem höheren Abstraktionsniveau.

2.2.4 Unternehmensarchitektur

„Unter einer Unternehmensarchitektur wird erweiternd das Zusammenwirken organisatorischer, technischer und psychosozialer Aspekte bei der Planung und Entwicklung betrieblicher soziotechnischer Informationssysteme verstanden."[40] Die Unternehmensarchitektur berücksichtigt dabei sowohl die organisatorische als auch die technische Dimension. Die Beziehungen dieser beiden Dimensionen zur Unternehmensarchitektur sind in Abb. 2-1 dargestellt.

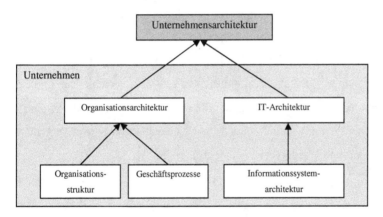

Abb. 2-1: Bestandteile der Unternehmensarchitektur[41]

Die Organisationsarchitektur reflektiert die nichttechnischen Komponenten einer Unternehmensarchitektur.[42] Entsprechend zum instrumentellen Organisationsbegriff, der zwi-

---

[40] Gronau /Informationssystemarchitekturen/ 45.

[41] Vgl. zu dieser Abbildung Aier, Dogan /Unternehmensarchitekturen/ 81.

schen Aufbau- und Ablauforganisation unterscheidet, wird hier zwischen Organisationsstruktur und Geschäftsprozessen unterschieden. Die IT-Architektur hingegen beinhaltet alle technischen Komponenten. Aier und Dogan betrachten in diesem Zusammenhang die technischen Informationssysteme mit ihrer eigenen Informationssystemarchitektur und sehen diese als Teil der IT-Architektur. Sie weisen aber auch darauf hin, dass die Begriffe in der Literatur häufig unterschiedlich in Abhängigkeit der fachlichen Herkunft des Autors definiert werden.[43] In diesem Zusammenhang soll hier unter IT-Architektur die Systemarchitektur und unter Informationssystemarchitektur die Softwarearchitektur ergänzt um die soziotechnische Komponente verstanden werden.[44]

2.2.5 Service-orientierte Architektur

In der zweiten Hälfte der neunziger Jahre wurde der Begriff SOA geprägt.[45] In der Literatur werden unterschiedliche Definitionen des Begriffes vorgestellt, die je nach Sichtweise des Autors verschiedene Aspekte beleuchten, so dass entweder eher die technischen Ausprägungen oder der integrative Ansatz mit der fachlichen Orientierung in den Vordergrund treten.[46]

Zunächst werden einige Definitionen aus der Literatur vorgestellt, um diese anschließend zu diskutieren und Gemeinsamkeiten hervorzuheben. Anhand der Diskussion wird eine für diese Arbeit geltende Definition abgeleitet.

(1) Dostal, Jeckle, Melzer und Zengler definieren eine SOA wie folgt: „Unter einer SOA versteht man eine Systemarchitektur, die vielfältige, verschiedene und eventuell inkompatible Methoden oder Applikationen als wiederverwendbare und offen zugreifbare Dienste repräsentiert und dadurch eine plattform- und sprachenunabhängige Nutzung und Wiederverwendung ermöglicht."[47]

---

[42] Vgl. zu diesem Absatz Aier, Dogan /Unternehmensarchitekturen/ 81-82.

[43] Vgl. Aier, Dogan /Unternehmensarchitekturen/ 81-82.

[44] Siehe zur Diskussion zur Unterscheidung zwischen System- und Softwarearchitektur Kapitel 2.2.3 Softwarearchitektur sowie die entsprechende Fußnote.

[45] Vgl. z. B. Oey u. a. /SOA/ 201 sowie Natis /SOA/ 23.

[46] Vgl. z. B. Woods, Mattern /Enterprise SOA/ 101-102.

[47] Dostal u. a. /SOA mit Web Services/ 11.

(2) Erl versteht unter einer SOA: „An SOA is a design model with a deeply rooted concept of encapsulating application logic within services that interact via a common protocol."[48]

(3) Krafzig, Banke und Slama liefern folgende Definition einer SOA: „A Service-Oriented Architecture is a software architecture that is based on the key concepts of an application frontend, service, service repository and service bus. A service consists of a contract, one or more interfaces and an implementation."[49]

(4) Marks und Bell vertreten folgende Sichtweise einer SOA: „SOA is a conceptual business architecture where business functionality, or application logic, is made available to SOA users, or consumers, as shared, reusable services on an IT network. ‚Services' in an SOA are modules of business or application functionality with exposed interfaces that are invoked by messages from service consumers"[50]

(5) Newcomer und Lomow definieren eine SOA wie folgt: „A service-oriented architecture is a style of design that guides all aspects of creating and using business services throughout their lifecycle (from conception to retirement). An SOA is also a way to define and provision an IT infrastructure to allow different applications to exchange data and participate in business processes, regardless of the operating systems or programming languages underlying those applications"[51]

(6) Die Standardisierungsinstitution OASIS definiert SOA folgendermaßen: „Service Oriented Architecture is a paradigm for organizing and utilizing distributed capabilities that may be under the control of different ownership domains. It provides a uniform means to offer, discover, interact with and use capabilities to produce desired effects consistent with measurable preconditions and expectations."[52]

Die oben genannten Definitionen setzen zum Teil unterschiedliche Schwerpunkte. Tab. 2-1 gibt einen Überblick der von den einzelnen Autoren gesetzten Schwerpunkte. Konsens besteht darin, dass eine SOA um Services als fundamentales Gerüst zentriert ist. Zudem wird SOA von den meisten Autoren (Dostal, Krafzig, Marks, Newcomer) als

---

[48] Erl /SOA Field Guide/ 51.

[49] Krafzig, Banke, Slama /Enterprise SOA/ 57.

[50] Marks, Bell /SOA/ 1, 34.

[51] Newcomer, Lomow /SOA with Web Services/ 13.

[52] MacKenzie u. a. /OASIS Reference Model/ 8, 29.

Software- bzw. Systemarchitektur betrachtet. Erl sieht in der SOA ein Designmodell. Marks bestätigt diese Sichtweise und spricht in diesem Zusammenhang von einer „conceptual business architecture". Dostal und Marks heben die Wiederverwendbarkeit der Services hervor. Die Plattformunabhängigkeit wird von Newcomer und Dostal gefordert. Zudem wird die Interaktion und Kommunikation über Schnittstellen von den meisten Autoren (Erl, Krafzig, Marks, Newcomer) als zentrales Merkmal einer SOA gesehen, die mithilfe einer gemeinsamen Kommunikationsinfrastruktur (Erl, Krafzig, Marks) realisiert werden sollen. Erl und Marks legen ihren Fokus auf die in den Services gekapselte Anwendungs- und Geschäftslogik und drücken damit implizit die dadurch fachlich geprägte Geschäftsprozessorientierung aus. In diesem Zusammenhang hebt Newcomer die Partizipation der Applikationen an den Geschäftsprozessen hervor. Die Sichtweise, dass SOA sowohl als fachlich getriebener Ansatz als auch als technologieorientiertes Konzept gesehen wird, wurde – in Vorwegnahme der Auswertung der Studie in Kapitel 4 – von den an dieser Studie teilnehmenden Experten bestätigt.[53] Die Verantwortung und die treibende Kraft liegen nach ihrer Meinung auf der fachlichen Seite. Die Technik nimmt in diesem Zusammenhang eine unterstützende Rolle ein.[54]

Die in den Definitionen genannten Schwerpunkte implizieren zum Teil Gestaltungsprinzipien einer SOA, die in Kapitel 2.3 in detaillierter Form diskutiert werden.

Schwerpunkt der Definition	Dostal u. a.	Erl	Krafzig, Banke, Slama	Marks, Bell	Newcomer, Lomow	OASIS
Softwarearchitektur	X		X			X
Designmodell		X		X		
Service		X	X	X	X	
Wiederverwendbarkeit	X		X	X		
verteilte Ressourcen			X		X	
Plattformunabhängigkeit	X			X		
Interaktion über Schnittstellen		X	X	X	X	
gemeinsame Kommunikationsinfrastruktur		X	X	X		
gekapselte Geschäftslogik		X		X		

Tab. 2-1: Schwerpunkte in untersuchten SOA-Definitionen

---

[53] Vgl. zu diesem und dem folgenden Satz [1].25-26, [2].5-6, [3].7-8,10-15, [4].5-6, [5].4-5, [6].5-10,20-22, [7].4-5,8,14-18, [8].34. Diese Schreibweise ist die in dieser Arbeit verwendete Zitierweise der Interviews. Beispiel: [3].7-8,10-15 ist zu lesen als Interview Nr. 3 Zeilen 7-8 und 10-15. In Kapitel 4.1 wird diese Zitierweise noch einmal formal vorgestellt.

[54] Vgl. [3].14-15, [7].13-14.

Resultierend aus dieser Gegenüberstellung wird eine Definition abgeleitet, welche die zentralen Schwerpunkte der genannten Definitionen reflektiert und im weiteren Verlauf dieser Arbeit als Grundlage dient.

Eine SOA ist eine Softwarearchitektur mit fachlicher Orientierung. Dabei ist die Geschäftslogik in wiederverwendbaren, verteilten und lose gekoppelten Services gekapselt. Die in einem Service implementierte Funktionalität wird über ihre Schnittstelle plattformunabhängig auf einer gemeinsamen Kommunikationsinfrastruktur bereitgestellt.

2.3 Begriffsabgrenzungen

In der Literatur werden einige Begriffe, die dem Themenkreis der Softwarearchitekturen angehören, genannt und dargestellt. Häufig ist eine klare Abgrenzung zum Begriff der SOA nicht auf den ersten Blick ersichtlich. So wird bspw. in einigen Abhandlungen in der Literatur der Eindruck erweckt, dass Web Services mit SOA gleichzusetzen sind. In diesem Abschnitt soll daher der Begriff der SOA von anderen Architekturkonzepten abgegrenzt werden. Darüber hinaus stellt SOA nicht nur ein Architekturkonzept dar, sondern kann zudem auch als Integrationsansatz betrachtet werden.[55] Daher wird zunächst die Abgrenzung zwischen SOA und Enterprise Application Integration (EAI) vorgenommen.

2.3.1 Enterprise Application Integration

Unter dem Begriff Enterprise Application Integration „werden Ansätze zur Schaffung einer einheitlichen Anwendungsarchitektur unter Einbezug von heterogenen Systemen"[56] verstanden. Linthicum konkretisiert diesen Ansatz und betrachtet EAI als Reaktion auf die über Jahrzehnte gewachsenen monolithischen und autonomen Applikationen, die jeweils meist nur einen konkreten Zweck für eine überschaubare Anzahl von Endbenutzern erfüllen, aber in ihrer Gesamtheit eine heterogene Mischung unterschiedlicher Plattformen und Entwicklungsansätze darstellen.[57] EAI fordert die uneingeschränkte, gemeinsame Nutzung und Integration von Daten und Geschäftsfunktionen zwischen sämtlichen miteinander verbundenen Anwendungen und Datenquellen eines

---

[55] Vgl. Gallas, Schönherr /Service Management/ 228.

[56] Stahlknecht, Hasenkamp /Wirtschaftsinformatik/ 328.

[57] Vgl. zu diesem und dem folgenden Satz Linthicum /EAI/ 3.

Unternehmens. Über Jahrzehnte wurden Systeme entwickelt, ohne eine hinreichende, ganzheitliche Strategie zu haben, diese Systeme in die unternehmensweite Anwendungslandschaft zu integrieren. Hier setzt EAI an und erhebt den Anspruch, die heterogenen Anwendungslandschaften auflösen zu können.

Beim Vergleich der Zielvorgabe des EAI-Ansatzes mit dem Anspruch einer SOA stellt sich die Frage, wo die Unterschiede zwischen diesen beiden Ansätzen liegen. Tatsächlich werden häufig SOA und Anwendungsintegration synonym verwendet.[58] Jedoch wird bei genauerer Betrachtung der beiden Definitionen und Anhebung auf ein höheres Abstraktionsniveau deutlich, dass beide Konzepte unterschiedliche Schwerpunkte setzen.[59]

Bei SOA werden die Anwendungsfunktionalitäten als Services integriert.[60] Der EAI-Ansatz verfolgt das Ziel einer direkten Application-to-Application[61]-Verbindung mittels komplexer Middlewarelogik. Hingegen ist bei SOA die Middleware weniger stark ausgeprägt, da diese hier lediglich die Funktion zur Vermittlung zwischen einem Servicenehmer und einem passenden Servicegeber[62] einnimmt. Die Kommunikation und der Datentransfer werden nach Herstellung der Verbindung ohne Zuhilfenahme einer Middlewareschicht direkt zwischen Servicenehmer und -geber realisiert.

Zudem ist bei EAI-Systemen die höchste Stufe der Integration – die Prozessintegration, die ein wesentliches Gestaltungsprinzip einer SOA darstellt – bisher nur schwierig zu realisieren.[63] Bei etwas unschärferer Betrachtung kann allerdings jede Anwendungsintegration mit SOA realisiert werden, so dass SOA das umfassendere Konzept gegenüber EAI darstellt und verschiedentlich als Evolutionsschritt von EAI angesehen wird.[64] Gallas wiederum betrachtet „Web Services[65] als Basis für ein EAI-Framework"[66], da sich diese sowohl für B2B-Integration[67] als auch für unternehmensinterne EAI anbietet."[68]

---

[58] Vgl. Gallas, Schönherr /Service Management/ 228.

[59] Vgl. Gallas /Enterprise Service Integration/ 204.

[60] Vgl. zu diesem Absatz Gallas, Schönherr /Service Management/ 227.

[61] Auf eine deutsche Übersetzung des Begriffs „Application-to-Application" wird im Kontext dieser Arbeit verzichtet. Gemeint ist die direkte Verbindung zwischen zwei Anwendungen.

[62] Im Folgenden werden die Begriffe Servicegeber und Serviceanbieter synonym verwendet.

[63] Vgl. Gallas /Enterprise Service Integration/ 195.

[64] Vgl. Stantchev, Malek /SOA/ 251-252.

[65] Siehe Kapitel 2.3.2 Web Service.

2.3.2 Web Service

Wenn SOA als abstraktes Modell verstanden werden kann, so stellen Web Services eine mögliche Umsetzung des SOA-Konzepts dar.[69]

(1) Das W3C-Konsortium schlägt folgende Definition eines Web Services vor: „A Web service is a software system designed to support interoperable machine-to-machine interaction over a network. It has an interface described in a machine-processable format (specifically WSDL[70]). Other systems interact with the Web service in a manner prescribed by its description using SOAP[71]-messages, typically conveyed using http[72] with an XML[73] serialization in conjunction with other Web-related standards."[74]

(2) Eine etwas kürzere Definition wird von Woods und Mattern angeboten: „Web services are self-contained and self-describing application functionalities that can be processed through open Internet standards."[75]

Bei beiden Definitionen wird der wesentliche Aspekt eines Web Services hervorgehoben, dass die Kommunikation und Interaktion auf offenen Internetprotokollen und -standards basieren. Die grundlegenden Basiskonzepte, die dazu benötigt werden, sind die Schnittstellen, die mithilfe des WSDL-Standards beschrieben werden, der Datenaus-

---

[66] Gallas /Enterprise Service Integration/ 200.

[67] B2B-Integration (Business-to-Business-Integration) meint eine unternehmensübergreifende Integration zwischen mindestens zwei Unternehmen.

[68] Gallas /Enterprise Service Integration/ 200.

[69] Vgl. Dostal u. a. /SOA mit Web Services/ 4, 8, 26.

[70] WSDL (Web Services Description Language) ist ein XML-basierter Standard zur Schnittstellenbeschreibung von Web Services. Vgl. z. B. Bieberstein u. a. /SOA/ 217.

[71] SOAP (Simple Object Access Protocol) ist ein vom W3C-Konsortium gepflegtes, XML-basiertes Nachrichtenformat zur Verschlüsselung von Nachrichten zwischen Web Servicegeber und -nehmer. Vgl. z. B. Bieberstein u. a. /SOA/ 215.

[72] http (Hypertext Transfer Protocol) ist ein Kommunikationsprotokoll zur Übertragung von Daten und Nachrichten in Netzwerken. Vgl. z. B. Bieberstein u. a. /SOA/ 208.

[73] XML (Extensible Markup Language) ist ein vom W3C-definierter Standard zur Beschreibung von anwendungsspezifischen Datenstrukturen zum Aufbau von XML-Dokumenten. Vgl. z. B. Hansen, Neumann /Wirtschaftsinformatik/ 1043.

[74] W3C /Glossary/ ohne Seitenangabe.

[75] Woods, Mattern /Enterprise SOA/ 322.

tausch, der mit SOAP realisiert wird, und das Service-Repository, das dem UDDI[76]-Standard folgt.[77]

Im Vergleich zur Definition einer SOA werden also konkrete Technologiestandards vorgegeben, die sich weitgehend an Internetprotokollen orientieren. Dennoch sind die Analogien zwischen SOA und Web Services erkennbar, die in erster Linie im strukturellen Aufbau ersichtlich werden.

Ausgehend von diesen Vorüberlegungen und Definitionen zeichnen sich Web Services durch folgende Merkmale aus:[78]

- Kommunikation mit Web Services basiert auf Nachrichtenaustausch.

- Web Services stellen Metadaten zur Verfügung, um die Struktur der ausgetauschten Nachrichten zu beschreiben.

- Web Services sind unabhängige, in sich abgeschlossene, gekapselte Anwendungen, die eine genau definierte Aufgabe erfüllen.

- Web Services können sowohl von menschlichen Benutzern, von Web-Anwendungen und anderen Web Services genutzt werden.

- Die Standards WSDL, SOAP und UDDI bilden das Fundament der Web Service-Architektur.

Im Wesentlichen werden Web Services eingesetzt, um ein Kommunikationsframework zu errichten, und stellen somit eine webbasierte Implementierung einer SOA dar.[79]

2.3.3 Event Driven Architecture

Event Driven Architecture (EDA) stellt ein weiteres Architekturkonzept dar, das häufig in Verbindung mit SOA gebracht wird.[80] Obwohl EDA sich fundamental von SOA unterscheidet, schließen sich beide nicht aus, sondern können sich wechselseitig ergänzen. SOA basiert auf einer Nehmer-Geberbeziehung, d. h. ein Servicenehmer nimmt eine konkrete Funktionalität eines bestimmten Services in Anspruch. Bei einer EDA ist ein

---

[76] UDDI (Universal Description, Discovery and Integration) ist ein Standard zur Realisierung eines plattformunabhängigen, XML-basierten Service-Repositories zur Veröffentlichung und zum Auffinden von netzwerkbasierten Softwarekomponenten und Services. Vgl. z. B. Newcomer /Understanding Web Services/ 16 sowie Bieberstein u. a. /SOA/ 216.

[77] Vgl. Dostal u. a. /SOA mit Web Services/ 27 sowie Bieberstein /SOA/ 215-217.

[78] Vgl. Newcomer /Web Services/ 45-46.

[79] Vgl. Erl /SOA Field Guide/ 51.

[80] Vgl. zu diesem Absatz Woods, Mattern /Enterprise SOA/ 26, 109.

solcher Servicenehmer nicht explizit vorhanden. Stattdessen reagiert ein nach EDA konzipiertes System auf ein bestimmtes Ereignis innerhalb des Systems oder auch aus dem Umfeld des Systems mit einer entsprechenden Antwort.[81] Die Antwort auf ein Ereignis muss nicht zwangsläufig das Ausführen einer Softwarekomponente sein, sondern kann eine Aktionskette oder weitere Ereignisse auslösen, eine Alarmmeldung herbeiführen oder Aufgaben an bestimmte Mitarbeiter delegieren.[82]

Der wesentliche Unterschied zwischen SOA und EDA liegt folglich in der Art und Weise, wie eine konkrete Funktionalität ausgelöst wird. Bei EDA ist es das mehr oder minder willkürliche Auftreten eines Ereignisses. Hingegen ist es bei SOA die gezielte Anfrage eines Servicekonsumenten für einen konkreten Service. Letztendlich kann aber eine SOA um eine Ereignisbehandlung ergänzt werden, so dass auch hier auf Ereignisse reagiert werden kann. EDA kann also eine sinnvolle Ergänzung einer SOA darstellen.

2.3.4 Model Driven Architecture

Das Konzept der Model Driven Architecture (MDA) stellt einen methodischen Ansatz zur Entwicklung von Software dar, in der die Spezifikation der Software unabhängig von ihrer technischen Umsetzung beschrieben wird, und sich somit auf einem höheren Abstraktionsniveau befindet.[83]

MDA umfasst mehrere Spezifikationen und Methoden, die von der Object Management Group (OMG) standardisiert werden.[84] Dabei werden Standards zur Spezifikationen von plattformunabhängigen Modellen (engl. Platform Independent Model) und plattformspezifischen Modellen (engl. Platform Specific Model) unterschieden:

- PIM (Platform Independent Model): Modellierung der Strukturen und der Funktionalität ohne Implementierungsdetails auf hohem Abstraktionsniveau
- PSM (Platform Specific Model): Erweiterung des PIM durch Anreicherung von plattformspezifischen Details zur Unterstützung einer konkreten Implementierung von Softwarekomponenten

---

[81] Vgl. zu diesem Absatz Woods, Mattern /Enterprise SOA/ 109.

[82] Vgl. Woods, Mattern /Enterprise SOA/ 128 sowie Singh, Huhns /Service-Oriented Computing / 66-67.

[83] Vgl. Gruhn, Pieper, Röttgers /MDA/ 21-22 sowie Gallas /Enterprise Service Integration/ 190-91.

[84] Vgl. Krafzig, Banke, Slama /Enterprise SOA/ 167.

Der MDA-Ansatz zur Softwareentwicklung vollzieht dabei eine Annäherung von einer höher gelegenen abstrahierenden zu einer implementierungsnahen Modellierung.[85] Durch die Beschreibung von Modellen auf einer höheren Abstraktionsebene wird eine klare Trennung von fachlichen und technischen Aspekten erzielt. Diese abstraktere, technologieunabhängige Beschreibung mit eindeutigen Modellierungssprachen – bspw. UML[86] – bewirkt eine verbesserte Handhabung des Technologiewandels und fördert eine bessere Wartbarkeit durch Trennung der Verantwortlichkeiten.

Folgende Ziele werden mit dem MDA-Ansatz verfolgt:[87]

- Konservierung der Fachlichkeit: In den Unternehmen ist das Wissen über die Geschäftsprozesse häufig nur implizit vorhanden. Durch Modellierung der zugrunde liegenden Prozesse soll dieses Wissen expliziert werden.

- Portierbarkeit: Durch Abstraktion von konkreten Technologien wird ein späterer Releasezyklus oder Wechsel auf komplett neue Zielplattformen erleichtert.

- Systemintegration und Interoperabilität: Verwendung von offenen Standards verringert Herstellerabhängigkeiten und erleichtert die Entwicklung von Schnittstellen.

- Effiziente Softwareentwicklung: Aufgrund der Werkzeugunterstützung und der damit verbundenen Automatisierung der Anwendungsentwicklung wird eine Effizienzsteigerung erzielt.

- Domänen-Orientierung: Durch Modellierung werden technische Aspekte abstrahiert, so dass der Fokus auf das fachliche Domänenwissen gelegt werden kann.

Der Architekturbegriff ist hier jedoch weniger im engeren Sinne einer Softwarearchitektur zu verstehen, sondern ist weiter gefasst und zielt vielmehr auf die erforderliche Infrastruktur zur Umsetzung des MDA-Ansatzes ab. Dabei umfasst er sowohl den unterliegenden Softwareentwicklungsprozess als auch die unterstützenden Werkzeuge.[88] Hier liegt der wesentliche Unterschied zum SOA-Ansatz. SOA bietet in erster Linie keine Infrastruktur zur Softwareentwicklung, sondern stellt ein Architekturkonzept mit inte-

---

[85] Vgl. Gruhn, Pieper, Röttgers /MDA/ 21-32, Gallas /Enterprise Service Integration/ 190-191 sowie Krafzig, Banke, Slama /Enterprise SOA/ 167.

[86] UML (Unified Modeling Language) ist eine standardisierte Modellierungssprache und liefert eine Notation zur grafischen Darstellung objektorientierter Konzepte. Dazu gehören bspw. Klassendiagramme, Objektdiagramme oder Sequenzdiagramme. Vgl. Balzert /Grundlagen der Informatik/ 135.

[87] Vgl. zu diesem Absatz Gruhn, Pieper, Röttgers /MDA/ 21-22.

[88] Vgl. Gruhn, Pieper, Röttgers /MDA/ 21.

grativem Charakter und strategischem Potenzial dar. Zudem vollzieht der MDA-Ansatz einen Lebenszyklus mit abnehmendem Abstraktionsniveau. Hierdurch reflektiert MDA vielmehr ein Phasenmodell als ein Architekturkonzept. Jedoch kann MDA mit diesem Ansatz der Modelltransformation – von der abstrakteren zur konkreteren Modellierung – in Kombination mit SOA dazu beitragen, zunächst fachliche, plattformunabhängige Services zu definieren und mit der daran anschließenden Modelltransformation, welche technologische Aspekte berücksichtigt, diese fachlichen Services technisch umzusetzen.[89]

2.4 Gestaltungsprinzipien einer Service-orientierten Architektur

Die in Kapitel 2.2 vorgestellten Definitionen haben bereits einige Gestaltungsprinzipien impliziert. In der Literatur werden weitere Gestaltungsprinzipien genannt und diskutiert. Unterschiedliche Autoren stellen dabei verschiedene Prinzipien in den Vordergrund, die wiederum zum Teil auf unterschiedlichem Abstraktionsniveau und Detaillierungsgrad diskutiert werden. Dies führt dazu, dass es teilweise zu Überschneidungen kommt, weil Begriffe nicht trennscharf verwendet werden. In diesem Kapitel werden die zentralen Gestaltungsprinzipien vorgestellt. Tab. 2-2 gibt einen Überblick der von einigen ausgewählten Autoren genannten Gestaltungsprinzipien.

Gestaltungsprinzipien / Autor	Dostal u. a.	Erl	Newcomer, Lomow	Gallas	Oey u. a.	Kraftzig, Banke, Slama	Bieberstein u. a.	Papazoglou	Singh, Huhns
Geschäftsprozessorientierung				■	■				
lose Kopplung	■	■	■		■	■	■		
Wiederverwendbarkeit		■			■	■			
Flexibilität		■			■	■		■	
Technologie- und Plattformunabhängigkeit			■			■	■		
Einfachheit	■					■			
verborgene (gekapselte) Logik /Abstraktion	■	■				■	■		
Verwendung offener Standards	■		■						

Tab. 2-2: Gestaltungsprinzipien untersuchter Quellen

---

[89] Vgl. Kraftzig, Banke, Slama /Enterprise SOA/ 167-168.

2.4.1 Geschäftsprozessorientierung

In stärkerem Maße als andere Softwarearchitekturkonzepte zielt SOA auf eine starke fachliche Ausprägung der Komponenten und die damit einhergehende Orientierung an den Geschäftsprozessen eines Unternehmens ab.[90] Geschäftsprozesse werden dabei durch Kombination von Services abgebildet, die im Kontext einer SOA bereitgestellt werden. In jedem Service ist eine konkrete, fachliche Funktionalität gekapselt, die über eine Schnittstelle potenziellen Servicenehmern verfügbar gemacht wird.

Die Forderung der Geschäftsprozessorientierung ist grundlegend für die Gestaltung einer SOA und setzt ein umfassendes Verständnis der organisatorischen Prozesse voraus.[91]

2.4.2 Lose Kopplung

Die Forderung nach der losen Kopplung der Services ist ein weiteres wichtiges Gestaltungsmerkmal einer SOA.[92] Die Kopplungsintensität reflektiert den Grad der Abhängigkeit zwischen zwei Objekten.[93] Lose Kopplung bedeutet folglich, dass keine Abhängigkeiten zwischen kommunizierenden SOA-Artefakten[94] bestehen. Das bedeutet, dass ein Servicenehmer keine Informationen über die innere Struktur, den Speicherort, die Implementierungsdetails oder die Systemplattform des Servicegebers benötigt.[95] Die Services werden von anderen Services oder auch Applikationen mithilfe des Service-Repository[96] identifiziert und dynamisch eingebunden. Die Einbindung findet zur Laufzeit statt und wird wieder gelöst, sobald die Applikation beendet ist oder der Service nicht mehr benötigt wird.[97] Die Funktionalität und die innere Struktur eines Services können somit geändert werden, ohne dass aufrufende Services davon betroffen sind. Für

---

[90] Vgl. Oey u. a. /SOA/ 212.

[91] Vgl. Oey u. a. /SOA/ 212.

[92] Vgl. Dostal u. a. /SOA mit Web Services/ 9 sowie Newcomer, Lomow /SOA with Web Services/ 75-76.

[93] Vgl. zu diesem und dem folgenden Satz Reinheimer u. a. /SOA/ 10.

[94] Der Begriff SOA-Artefakt subsumiert Serviceanbieter und Servicenehmer.

[95] Vgl. Singh, Huhns /Service-Oriented Architecture/ 76 sowie Vgl. Woods, Mattern /Enterprise SOA/ 111.

[96] Siehe Kapitel 2.5.3 Service-Repository.

[97] Vgl. zu diesem und dem folgenden Satz Natis, Schulte /Introduction to SOA/ 2.

einen aufrufenden Service ist nur die Schnittstellenbeschreibung als Teil des Service-Contracts[98] der potenziellen Serviceanbieter relevant, um aus diesen den passenden Service mit der geforderten Funktionalität zu identifizieren.

2.4.3 Wiederverwendbarkeit

Der Nutzen der SOA liegt vor allem in der Wiederverwendbarkeit einzelner bereits existierender Services.[99] Diese müssen nicht neu implementiert werden, wenn an anderer Stelle im Unternehmen auf gleiche Funktionalität, die in einem Service gekapselt ist, zurückgegriffen werden kann. Neben der Reduktion von komplexen, kaum zu kontrollierenden Redundanzen liegt der Vorteil in der Verschlankung des Codes. Es können in der Praxis bewährte und hinreichend getestete Softwarekomponenten wiederverwendet werden. Zudem werden Entwicklungskosten für neue Softwarekomponenten und Wartungskosten für redundante Services gespart.

Wiederverwendbarkeit setzt voraus, dass Services von konkreten Systemplattformen und von den Geschäftsprozessen, in denen diese eingebunden sind, entkoppelt sind.[100] Dazu ist abstrahierende Konzeption der Services erforderlich. Zudem müssen Services über eine adäquate Servicebeschreibung verfügen, die eine Wiederverwendung erst ermöglicht.

2.4.4 Flexibilität

Unternehmen befinden sich in einer sich ständig verändernden Umgebung.[101] Märkte zeichnen sich durch eine hohe Dynamik aus, gesetzliche Rahmenbedingungen ändern sich fortlaufend, neue Wettbewerber treten in Märkte ein, bereits bestehende Konkurrenten entwickeln neue Strategien, neue Technologiestandards kommen auf und setzen sich durch. Unternehmen müssen sich kontinuierlich auf diese wechselnden Anforderungen und Umwelteinflüsse einstellen, um wettbewerbsfähig zu bleiben. Dies setzt eine hohe Flexibilität in den organisatorischen Strukturen des Unternehmens voraus, die

---

[98] Siehe Kapitel 2.5.2 Service.

[99] Vgl. zu diesem Absatz Krafzig, Banke, Slama /Enterprise SOA/ S. 242, 244-245.

[100] Vgl. Newcomer, Lomow /SOA with Web Services/ 89.

[101] Vgl. zu diesem Absatz Krafzig, Banke, Slama /Enterprise SOA/ 6.

sich letztlich auch in der Softwarearchitektur wiederfinden muss.[102] Unter Flexibilität wird im Allgemeinen die Fähigkeit verstanden, mit möglichst geringem Aufwand auf Veränderungen der Anforderungen oder des Umfeldes reagieren zu können.[103] SOA soll dieser Herausforderung Rechnung tragen, eine hohe Flexibilität in der Softwarearchitektur, aber auch in der Organisationsarchitektur gewährleisten und eine Reduzierung von Time-to-Market bewirken zu können.[104] Die Konfiguration der Komponenten in der Architektur darf daher nicht statisch sein.[105] Bei veränderten Anforderungen müssen Komponenten flexibel, einfach und schnell konfiguriert oder neue Komponenten adaptiert werden können. Zu jedem Zeitpunkt muss gewährleistet sein, dass Funktionalität hinzugefügt oder modifiziert werden kann, ohne dass lokale Änderungen das Gesamtsystem beeinträchtigen. Flexibilität setzt daher lose Kopplung der Services voraus.

2.4.5 Technologie- bzw. Plattformunabhängigkeit

Die Trennung der fachlichen Anforderungen zur Erfüllung der Geschäftstätigkeit von der unterstützenden Technologie ist eine weitere Gestaltungsvorgabe, die von einer SOA zu erfüllen ist.[106] Architekturkonzepte durchlaufen einen weitaus längeren Lebenszyklus als die relativ kurzen Innovationszyklen der zugrunde liegenden Technologieplattformen.[107] Daher ist eine Architektur zu konzipieren, die mehr als einen Generationswechsel der installierten Technologie überdauert. Die Konzeption und Entwicklung der fachlichen Funktionalität ist losgelöst von der technologischen Implementierung vorzunehmen.[108] Dies beinhaltet auch die Vermeidung von Abhängigkeiten zu bestimmten Produkten oder Herstellern. Servicenehmer und Servicegeber können prinzipiell auf unterschiedlichen Systemen laufen, dabei sollte die Interaktion zwischen diesen nicht durch technologische Spezifikationen behindert werden.

---

[102] Vgl. zu diesem und dem folgenden Satz Marks, Bell /SOA/ 17-21.

[103] Vgl. zu diesem Absatz Oey u. a. /SOA/ 213.

[104] Vgl. Zhang, Tanniru /Trade-Offs in SOA/ 2265.

[105] Vgl. Singh, Huhns /Service-Oriented Architectur/ 77.

[106] Vgl. zu diesem Absatz Krafzig, Banke, Slama /Enterprise SOA/ 7.

[107] Vgl. z. B. Gronau /Informationssystemarchitekturen/ 43.

[108] Vgl. z. B. Marks, Bell /SOA/ 121, 123, 127-129.

2.4.6 Einfachheit

Die Forderung nach Einfachheit zielt darauf ab, eine Architektur zu entwerfen, die eine möglichst effiziente Kommunikation zwischen Architekten, Entwicklern und Verantwortlichen aus den Fachabteilungen ermöglicht.[109] In der Regel sind mehrere Personen mit individuellen Interessen und teilweise divergierenden Anforderungen an der Spezifikation und Konstruktion der Anwendungen im Unternehmen beteiligt. Hier gilt es, eine möglichst leicht verständliche Kommunikationsplattform zu schaffen, die wenig komplexe, interpretationsbedürftige Komponenten beinhaltet. Alle involvierten Personen müssen ein gemeinsames Verständnis für die Architektur aufbringen, welches ihre jeweilige Betrachtungsweise reflektiert.[110] Ein Systemintegrator wird bspw. andere Fragestellungen mit einer Architektur assoziieren als ein Prozessmodellierer.

2.4.7 Verborgene Logik[111]

Services folgen dem Black-Box-Ansatz, d. h. deren innere Geschäftslogik und Struktur ist außerhalb des Services verborgen.[112] Der einzige für die Außenwelt sichtbare Teil eines Services ist die Servicebeschreibung des Service-Contracts.[113] Realisiert wird dies durch die Trennung von Serviceschnittstelle und -implementierung. Die innere Logik eines Services ist für serviceaufrufende Instanzen irrelevant, da diese lediglich die Funktionalität erwarten, die im Service-Contract beschrieben wird und über die Serviceschnittstelle adressiert werden kann. Grundsätzlich gibt es keine Beschränkungen des Umfangs der in einem Service gekapselten Funktionalität. Ein Service kann daher für genau eine einfache, konkrete Aufgabe konzipiert werden oder eine komplexere Funktionalität eines umfassenden Aufgabenbereichs umfassen.

---

[109] Vgl. Krafzig, Banke, Slama /Enterprise SOA/ 6.

[110] Vgl. Krafzig, Banke, Slama /Enterprise SOA/ 6.

[111] Übersetzung des englischen Begriffes „Hidden Logic".

[112] Vgl. zu diesem Absatz Erl /SOA Concepts/ 291, 298-299.

[113] Siehe Kapitel 2.5 Komponenten einer Service-orientierten Architektur.

2.4.8 Verwendung offener Standards

Die Verwendung von offenen Standards ist essenziell, da Servicenutzer unter Umständen mit ihnen nicht bekannten Servicegebern kommunizieren müssen. Daher sind die Serviceschnittstellen mit offenen Standards zu realisieren.[114]

Dies erhöht zum einen die Austauschbarkeit von Services und mindert Herstellerabhängigkeiten. Zum anderen wird sichergestellt, dass ein Service einer möglichst breiten Basis von potenziellen Servicenehmern zur Verfügung steht und im gleichen Zug einem Servicenehmer die Möglichkeit geboten wird, alternative Servicegeber in Anspruch zu nehmen. Am Markt ist eine zunehmende Verbreitung offener Standards zu verzeichnen.[115]

2.5 Komponenten einer Service-orientierten Architektur

Gemäß der Definition einer SOA nach Krafzig, Banke und Slama, die bereits in Kapitel 2.2 vorgestellt wurde, besteht eine SOA aus Application-Frontends, Services, Service-Repository und Service-Bus.[116] Diese Komponenten bilden das grundlegende Gerüst einer SOA. An dieser Stelle wird jedoch eine Erweiterung des Basiskonzepts um ein Business Process Management System (BPMS) vorgeschlagen, da nach der Auffassung des Autors dieser Arbeit zum Betreiben und Managen einer SOA ein solches System zur Orchestrierung[117] von Services erforderlich ist.

2.5.1 Application-Frontend

Die Application-Frontends[118] stellen den aktiven, für den Endbenutzer wahrnehmbaren Teil einer SOA dar und bilden somit die nach außen sichtbare Schnittstelle des Systems.[119] Im Vergleich zu den Services, die oft mehrere Jahre unverändert bleiben, vollziehen Application-Frontends wesentlich kürze Lebenszyklen. Durch Application-

---

[114] Vgl. zu diesem Absatz Newcomer, Lomow /SOA with Services/ 77-78 sowie Dostal u. a. /SOA mit Web Services/ 9.

[115] Vgl. Newcomer, Lomow /SOA with Web Services/ 77-78.

[116] Vgl. Krafzig, Banke, Slama /Enterprise SOA/ 56-57.

[117] Siehe Kapitel 2.5.5 Business Process Management System.

[118] Auf eine deutsche Übersetzung des Begriffs „Application-Frontend" wird im Kontext dieser Arbeit verzichtet.

[119] Vgl. zu diesem Abatz Krafzig, Banke, Slama /Enterprise SOA/ 57-59.

Frontends werden sämtliche Aktivitäten in der unternehmensweiten Systemlandschaft initiiert und kontrolliert. Ergebnisse werden direkt an die Application-Frontends zurückgeliefert. Grundsätzlich können Application-Frontends als graphische Benutzeroberfläche zur Interaktion mit Benutzern, als stapelverarbeitende Programme (engl. batch program), als langlebige, zyklische Prozesse oder als ereignisgesteuerte Prozesse realisiert werden. Application-Frontends weisen dabei Verantwortlichkeiten entlang eines Geschäftsprozesses einem oder mehreren Services zu.

2.5.2 Service

Im Kontext einer SOA ist jeder Service durch eine unverwechselbare, fachlich funktionale Bedeutung gekennzeichnet, die in seiner inneren Struktur gekapselt ist. Ein Service besteht aus verschiedenen Teilen: Service-Contract, Serviceimplementierung und Serviceschnittstellen.[120] Die Serviceimplementierung lässt sich weiter unterteilen in Geschäftslogik und Daten.

(1) Service-Contract:

Jeder Service muss über einen wohldefinierten Service-Contract verfügen, der die Funktionalität eines Service von seiner technischen Implementierung separiert.[121] Der Service-Contract repräsentiert somit die Funktionalität nach außen in einer standardisierten Form, indem er die internen und technischen Details kapselt.[122] Zudem spezifiziert der Service-Contract den Zweck, die Funktionalität, die Art des Datenaustauschs und die Voraussetzungen zur Nutzung eines Services.[123] Die Spezifikation kann dabei formlos, meist aber durch eine formale Schnittstellenbeschreibungssprache basierend auf IDL[124]

---

[120] Vgl. Krafzig, Banke, Slama /Enterprise SOA/ 59-60.

[121] Vgl. Newcomer, Lomow /SOA with Web Services/ 109.

[122] Vgl. Marks, Bell /SOA/ 40.

[123] Vgl. zu diesem Absatz Krafzig, Banke, Slama /Enterprise SOA/ 59-60.

[124] IDL (Interface Definition Language) ist eine plattform- und programmiersprachenunabhängige Schnittstellenbeschreibungssprache, die in CORBA-Umgebungen eingesetzt wird, um Operationen zu deklarieren und Schnittstellen zu definieren. Vgl. Nghiem /IT Web Services/ 296.

„CORBA (Common Object Request Broker Architecture) ist ein Standard zur Entwicklung objektorientierter Anwendungen in verteilten und heterogenen Systemen.", Hansen, Neumann /Wirtschaftsinformatik/ 168.

oder WSDL erfolgen. Darüber hinaus können auch Metadaten, ausführliche Semantik[125] zur Funktionalität und zu Parametern, Policies[126] oder XML-Schemata enthalten sein, die nicht auf einer formalen Schnittstellenbeschreibungssprache basieren. Der Service-Contract umfasst eine Reihe von Vereinbarungen, die getroffen und von potenziellen Servicenutzern akzeptiert werden müssen, um eine erfolgreiche Kommunikation zu gewährleisten.[127]

(2) Serviceschnittstellen:

Eine grundlegende Forderung an einen Service ist die Trennung zwischen Implementierung und seiner Schnittstelle, die durch den Service-Contract beschrieben wird. Dies bedeutet, dass die Funktionalität eines Services gekapselt ist und über seine Schnittstelle von Servicenutzern über das Netzwerk adressiert werden kann.[128] Als Schnittstelle wird hier die technische Spezifikation verstanden, wobei die Beschreibung dieser Schnittstelle Teil des Service-Contracts ist. Ein Service kann mehrere Schnittstellen haben.

(3) Serviceimplementierung:

Die Serviceimplementierung stellt die technische Realisierung des Service-Contracts dar und somit die beschriebene Funktionalität mit den dazugehörigen Daten bereit.[129] Die Serviceimplementierung kann mehrere Bestandteile, wie Programme, Konfigurationsdaten und Datenbanken umfassen.

Die Geschäftslogik ist Teil der Serviceimplementierung, die in einem Service gekapselt ist und von potenziellen Servicenehmern durch die Serviceschnittstellen angefordert werden kann.

Zudem kann ein Service Daten bereitstellen oder die Anbindung an eine Datenbank realisieren, in diesem Fall handelt es sich um einen datenzentrierten Service.

Zusammenfassend sind die einzelnen Elemente eines Services in Abb. 2-2 dargestellt.

---

[125] Die Semantik ordnet den zulässigen Aussagen einer Sprache eine konkrete Bedeutung zu. Die Menge aller zulässigen Aussagen einer Sprache ist die Syntax dieser Sprache. Vgl. Hansen, Neumann /Wirtschaftsinformatik/ 942 sowie Stahlknecht, Hasenkamp /Wirtschaftsinformatik/ 284.

[126] Polices können Regeln, Nutzungsbedingungen und Präferenzen beinhalten. Vgl. Erl /SOA Concepts/ 136.

[127] Vgl. Erl /SOA Concepts/ 137.

[128] Vgl. zu diesem und dem folgenden Satz Krafzig, Banke, Slama /Enterprise SOA/ 60.

[129] Vgl. zu diesem Absatz Krafzig, Banke, Slama /Enterprise SOA/60.

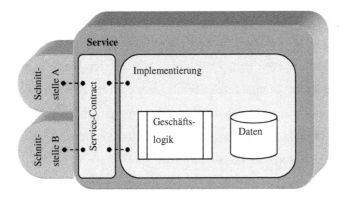

Abb. 2-2: Bestandteile eines Services[130]

2.5.3 Service-Repository

Ein Service-Repository[131] stellt sicher, dass angefragte Services aufgefunden werden können und hält Informationen zur Verwendung dieser Services bereit, insbesondere dann, wenn diese Services außerhalb der funktionalen Reichweite des Projekts liegen, welches den Service generiert hat.[132,133] Der Großteil der erforderlichen Informationen ist Bestandteil der Service-Contracts, jedoch werden im Service-Repository zusätzliche Informationen bereitgestellt. Dazu zählen:

- Beschreibung der Services und Operationen mithilfe von WSDL oder XML
- Angaben über den physischen Speicherort und technische Spezifikationen
- Eigentümer der Services und Beschreibung der Verantwortlichkeiten
- Zugriffsrechte und -kontrolle sowie Nutzungsbedingungen
- Angaben zur Performance und Skalierbarkeit der angebotenen Services, inklusive Antwortzeitverhalten und Durchsatzbeschränkungen (SLA[134])

---

[130] Vgl. zu einer ähnlichen Abbildung Krafzig, Banke, Slama /Enterprise SOA/ 59.

[131] Auf eine deutsche Übersetzung des Begriffs „Service-Repository" wird im Kontext dieser Arbeit verzichtet. In der deutschsprachigen Literatur ist häufig die Bezeichnung „(Dienst)-Verzeichnis" im Zusammenhang mit SOA zu finden. Vgl. z. B. Dostal u. a. /SOA mit Web Services/ 12-16.

[132] Vgl. zu diesem Absatz Krafzig, Banke, Slama /Enterprise SOA/ 60-64.

[133] Andere Autoren unterscheiden zwischen Service-Registry und Service-Repository. Danach speichert ein Service-Registry Informationen über ein Objekt – also den Service – und nicht das Objekt selbst. Das Service-Repository hingegen ist der physische Speicherort des Objekts. D. h. die Lokalisierung eines Service wird über ein Service-Registry realisiert, welches auf dem Service-Repository aufsetzt. Vgl. McGovern u. a. /Enterprise SOA/ 154 und Oey u. a. /SOA/ 209-210.

[134] SLA (Service Level Agreement) bezeichnet die Vereinbarung zwischen Servicegeber und Servicenehmer zur Einhaltung und Zusicherung der in dieser Vereinbarung festgelegten Servicequalität. Die

Zum Aufbau einer SOA ist ein Service-Repository nicht zwingend erforderlich.[135] Für den langfristigen Betrieb und die Nutzung einer SOA wird ein Service-Repository jedoch dringend empfohlen. Im seltenen Fall, wenn nur wenige Services vorhanden sind und das Projekt überschaubar ist, kann auf den Einsatz eines Service-Repositories verzichtet werden. In der Realität besteht jedoch die Herausforderung darin, mehrere parallel laufende Projekte, wechselnde Teams und eine Vielzahl von Services koordinieren zu müssen. Dann ist ein zentrales Service-Repository zwingend erforderlich.

Abb. 2-3 verdeutlicht die Vermittlung zwischen Serviceanbieter und -nehmer. Der Serviceanbieter muss zunächst seine Servicebeschreibung im Service-Repository veröffentlichen. Erst danach kann ein Servicenehmer, der eine konkrete Funktionalität fordert, den Verweis auf einen entsprechenden Serviceanbieter erhalten. Nachdem zwischen Serviceanbieter und -nehmer der Service-Contract vereinbart wurde, erfolgt die Nutzung und die eigentliche Interaktion zwischen Serviceanbieter und -nehmer.

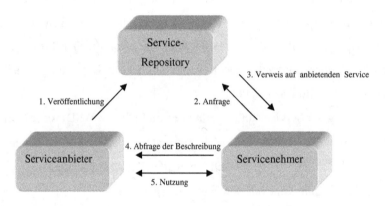

Abb. 2-3: Service-Repository, Serviceanbieter und Servicenehmer[136]

2.5.4 Service-Bus

Die Aufgabe des Service-Bus besteht darin, alle Application-Frontends und Services einer SOA miteinander zu verbinden.[137] Die Services müssen dabei nicht notwendiger-

---

Servicequalität wird u. a. bestimmt durch Verfügbarkeit, Durchsatz, Zuverlässigkeit, Antwortzeitverhalten, Sicherheit und Integrität. Vgl. Bieberstein u. a. /SOA/ 213.

[135] Vgl. zu diesem Absatz Krafzig, Banke, Slama /Enterprise SOA/ 61.

[136] Vgl. zu dieser Abbildung Dostal u. a. /SOA mit Web Services/ 12 sowie ähnlichen Darstellungen in Barry /Web Services and SOA/ 23 und Erl /SOA Concepts/ 75.

[137] Vgl. zu diesem Absatz Krafzig, Banke, Slama /Enterprise SOA/ 64-65.

weise auf einer einzigen gemeinsamen Technologieplattform basieren, sondern können auf verschiedenen Produkten oder Systemplattformen laufen. Dadurch differenziert sich der Service-Bus von einem Software Bus im Kontext von EAI, da ein Service-Bus unterschiedliche Technologien beherrschen muss.

Folgende Merkmale charakterisieren einen Service-Bus:

- Konnektivität: Bereitstellung einer gemeinsamen Kommunikationsplattform für alle Services und Application-Frontends innerhalb der SOA.

- Heterogenität der Technologien: In der Realität zeichnen sich Unternehmen durch heterogene Technologien aus. Daher muss der Service-Bus alle SOA-Artefakte, die auf unterschiedlichen Programmiersprachen, Betriebssystemen und Laufzeitumgebungen basieren, miteinander verbinden können. Zudem müssen unterschiedliche Middlewaresysteme und Kommunikationsprotokolle, die sich im Laufe der Zeit im Unternehmen etabliert haben, unterstützt werden.

- Heterogenität der Kommunikationskonzepte: Analog zur Heterogenität der Technologien, muss der Service-Bus unterschiedliche Kommunikationskonzepte, wie synchrone und asynchrone Kommunikation, beherrschen.

- Technische ‚Services': Zudem muss der Service-Bus auch technische Services zur Überwachung und Nachrichtenermittelung bereitstellen.

2.5.5 Business Process Management System

„Das Ganze ist mehr als die Summe seiner Teile."[138]

Ein Business Process Management System (BPMS) ist nicht Bestandteil des Basisgerüsts einer SOA nach Krafzig, Banke und Slama, doch empfiehlt sich aus Sicht des Autors dieser Arbeit die Unterstützung des Business Process Management (BPM) mithilfe eines BPMS, um den erfolgreichen Einsatz einer SOA zu gewährleisten und die Prinzipien einer SOA zu erfüllen.

BPM umfasst die Identifizierung, Modellierung, Entwicklung und Organisation von Geschäftsprozessen einer Organisation, die sowohl Softwaresysteme als auch die Interaktion mit Anwendern beinhalten.[139] Im Kontext der SOA werden dabei Services so

---

[138] Dieser Satz wird Aristoteles (384-322 vor Chr.) zugeschrieben.

[139] Vgl. zu diesem Absatz Newcomer, Lomow /SOA with Web Services/ 221-223.

angeordnet, dass diese in ihrem Zusammenwirken einen Geschäftsprozess abbilden.[140]

BPMS hat eine lange Historie: in den Anfängen meist als Workflow-Systeme bezeichnet, die in erster Linie von Mitarbeitern begleitet[141] wurden, haben sie sich zu modernen Web Services Orchestrierungs- und Choreographie-Systemen entwickelt.[142]

Die Ziele von BPM sind:

- Reduzierung der Diskrepanz zwischen Geschäftsanforderungen und IT-Systemen, indem Anwender Geschäftsprozesse modellieren und die IT-Abteilung die notwendige Infrastruktur zur Verfügung stellt, um diese Geschäftsprozesse auszuführen und zu kontrollieren.

- Erhöhung der Mitarbeiterproduktivität und Reduzierung der laufenden Kosten durch automatisierte und rationalisierte Geschäftsprozesse.

- Erhöhung der Unternehmensflexibilität, indem Prozesslogik von anderen Geschäftregeln getrennt wird und mit einer einfachen Darstellung von Geschäftsprozessen entsprechend modifiziert werden kann. Dies führt dazu, dass Unternehmen schneller auf Marktveränderungen reagieren und einen Wettbewerbsvorteil erzielen können.

- Reduzierung der Entwicklungskosten, indem graphische Programmierwerkzeugen verwendet werden, mit denen schnell IT-Systeme erstellt oder geändert werden können.

Für die Umsetzung dieser Ziele wird ein BPMS benötigt. Die meisten BPMS beinhalten zumindest die Prozessmodellierungsfunktion, welche es ermöglicht, den Prozess graphisch darzustellen, in dem die Knoten bestimmte Aufgaben abbilden und die Verbindungslinien Kontroll- oder Datenflüsse darstellen. Neben der Prozessmodellierungsfunktion sollte ein BPMS mindestens noch folgende Funktionen abdecken: Prozessausführung und Prozessüberwachung.

---

[140] Vgl. Dostal u. a. /SOA mit Web Services/ 197.

[141] Im angelsächsischen Raum hat sich die Bezeichnung „People Driven Worklow" etabliert.

[142] Orchestrierung und Choreographie werden häufig synonym verwendet, obwohl diese Begriffe – streng genommen – zu unterscheiden sind. Choreographie wird meist im Zusammenhang mit erweiterten Business-to-Business Interaktionen verwendet; vgl. Newcomer, Lomow /SOA with Web Services/ 221, 245-247. Dostal u. a. /SOA mit Web Services/ 202 differenzieren in ähnlicher Weise wie folgt: „Eine Orchestrierung beschreibt die ausführbaren Aspekte eines Geschäftsprozesses aus der Sicht eines Prozesses", hingegen beschreibt „eine Choreographie [...] die Aufgaben und das Zusammenspiel mehrerer Prozesse unter dem Aspekt der Zusammenarbeit."

3. Methoden zur Exploration des Expertenwissens

Im Zentrum dieser Arbeit steht die Exploration[143] des Expertenwissens zur Identifizierung und Klassifizierung von Problemsituationen bei der Einführung einer SOA. In diesem Kapitel werden die grundlegenden Methoden der qualitativen Datenerhebung und -auswertung vorgestellt und an einigen Stellen von der quantitativen Forschungsmethodik abgegrenzt. Darauf aufbauend wird eine für den Forschungsanspruch dieser Arbeit geeignete qualitative Forschungsmethode erarbeitet, die sich im Wesentlichen an der qualitativen Inhaltsanalyse nach Mayring orientiert.

3.1 Zum Verhältnis qualitativer und quantitativer Forschung

Die im Rahmen dieser Arbeit verwendeten Methoden und Techniken zur Datenerhebung und Exploration des Expertenwissens sind der Sozialforschung entlehnt. Grundsätzlich unterscheidet die Sozialforschung quantitative und qualitative Forschungsmethoden, die sich sowohl methodisch als auch nach der Eignung für einen konkreten Forschungsbereich und nach dem Wissenschaftsverständnis unterscheiden.[144] Ein wesentliches Unterscheidungskriterium ist die Art und die Verwendung des Datenmaterials. Während in der quantitativen Forschung typische Quantifizierungen von betrachteten Realitätsausschnitten in statistische Auswertungen münden, operiert die qualitative Forschung mit „Verbalisierungen der Erfahrungswirklichkeit"[145], die interpretiert und analysiert werden. Qualitative Forschungsmethoden eignen sich daher besonders zur Exploration und Durchdringung von wissenschaftlich noch wenig strukturierten Gegenstandsbereichen mit dem Ziel des Erkenntnisgewinns.[146] Quantitative Forschungsmethoden versuchen hingegen, durch theoretische Modelle einen konkreten Realitätsausschnitt abzubilden und daraus Hypothesen – Vermutungen über Zusammenhänge – abzuleiten, die operationalisiert und an empirischen Zusammenhängen überprüft werden können.[147] In der quantitativen Forschung liegt folglich der Fokus auf dem deduktiven Erklärungsmodell und beschränkt sich meist auf die Überprüfung von Theorien und

---

[143] Exploration als Verb: Explorieren (lat.: explorare) bedeutet, Sachverhalte zu erkunden, zu erforschen oder ausfindig zu machen. Vgl. z. B. Bortz, Döring /Forschungsmethoden/ 352.

[144] Vgl. Bortz, Döring /Forschungsmethoden/ 296.

[145] Bortz, Döring /Forschungsmethoden/ 296.

[146] Vgl. Lamnek /Qualitative Sozialforschung/ 90.

[147] Vgl. Mayer /Interview/ 27.

Hypothesen, die im Vorfeld generiert wurden.[148] Im Gegensatz zur qualitativen Forschung, bei der die Bildung von Theorien und Hypothesen im Vordergrund steht, die sich induktiv aus dem Untersuchungsfeld ergeben.

3.2 Formen des Interviews

In der Literatur der Sozialforschung werden unterschiedliche Interviewformen beschrieben und diskutiert.[149] Bezeichnungen werden häufig nicht einheitlich verwendet.

Zur Differenzierung der unterschiedlichen Interviewformen bieten sich jedoch folgende Dimensionen an, die eine Klassifizierung der Interviewformen erlauben.[150] In den Klammern sind jeweils die möglichen Merkmalausprägungen aufgeführt.

- Intention bzw. Funktion des Interviews (ermittelnd, vermittelnd)
- Standardisierungsgrad (strukturiert, halbstrukturiert, unstrukturiert)
- Anzahl der Befragten (Einzelinterview, Gruppeninterview)
- Form der Kommunikation (schriftlich, (fern-)mündlich)
- Stil der Kommunikation bzw. Autoritätsanspruch des Interviewers (weich, neutral, hart)
- Art der Fragen (geschlossen, offen)

Die Merkmalausprägungen der einzelnen Dimensionen können kombinatorisch auftreten, so dass die Gesamtheit der Ausprägungen eine bestimmte Interviewform typisiert. Aufgrund der vielen Kombinationsmöglichkeiten der Dimensionsmerkmale werden in der Literatur entsprechend unterschiedliche Interviewformen diskutiert.[151] Der aus der Kombination der Merkmalausprägungen resultierende Interviewtyp ist dann entweder für quantitative, qualitative oder beide Forschungsmethoden geeignet.

Im Folgenden wird die qualitative von der quantitativen Interviewform abgegrenzt, um anschließend die für die Studie dieser Arbeit geeignete Form des qualitativen Interviews vorzustellen.

---

[148] Vgl zu diesem und dem folgenden Satz Lamnek /Qualitative Sozialforschung/ 128, 249-250.

[149] Vgl. zu diesem und dem folgenden Satz z. B. Lamnek /Qualitative Sozialforschung/ 356-384.

[150] Vgl. Lamnek /Qualitative Sozialforschung/ 331. Eine ähnliche Differenzierung bietet Bortz, Döring /Foschungsmethoden/ 238.

[151] An dieser Stelle wird auf eine weitergehende Erläuterung der Interviewformen verzichtet. Der interessierte Leser sei auf Lamnek /Qualitative Sozialforschung/ 356-384 und Bortz, Döring /Forschungsmethoden/ 237-246 verwiesen.

3.2.1 Abgrenzung des qualitativen vom quantitativen Interview

Die Hauptunterscheidungskriterien zwischen qualitativen und quantitativen Interviews liegen in den Ausprägungen der Dimensionen: Standardisierungsgrad und Art der Fragen.

Quantitative Interviews sind durch ein strukturiertes und planmäßiges Vorgehen mit geschlossenen Fragen charakterisiert.[152] Die Befragten werden dazu animiert, eine Reihe von vorgegebenen, standardisierten Fragen zu beantworten. Das Hauptaugenmerk liegt dabei auf der Vergleichbarkeit und Standardisierbarkeit der erhobenen Daten.

Beim qualitativen Interview hingegen wird lediglich ein Rahmen vorgegeben.[153] Der Interviewer hat gegebenenfalls einen halbstrukturierten Leitfaden zur Hand, in dem weder die Reihenfolge noch eine konkrete Formulierung der Fragen vorgegeben ist. Die Art der Fragen ist somit offen und offeriert dadurch dem Befragten den größtmöglichen Gestaltungsfreiraum für seine Antworten. Dies scheint zweckmäßig zur Exploration von unbekannten Sachverhalten aus dem Erfahrungsbereich des Befragten. Im folgenden Abschnitt wird eine besondere Form des Leitfadeninterviews erläutert – das Experteninterview.

3.2.2 Das Experteninterview

Das Experteninterview stellt eine Spezialform des Leitfadeninterviews dar.[154] Im Vordergrund steht dabei weniger die Person selbst, sondern vielmehr fungiert der Befragte in seiner Eigenschaft als Experte in seinem konkreten Problem- oder Forschungsfeld. Die Bezeichnung des Experten wird jemandem zugesprochen, „der auf einem begrenzten Gebiet über klares und abrufbares Wissen"[155] oder über spezielle Fähigkeiten verfügt.[156] Das Interview schränkt demnach den Befragten auf seine Funktion als Experte in einem klar abgrenzbaren Ausschnitt der Realität mit direktem Bezug zum Forschungsgegenstand ein. Der Leitfaden eignet sich besonders als Instrumentarium bei Experteninterviews, weil er zum einen eine Steuerungsfunktion einnimmt, um unergie-

---

[152] Vgl. zu diesem Absatz Lamnek /Qualitative Sozialforschung/ 725.

[153] Vgl. zu diesem Absatz Lamnek /Qualitative Sozialforschung/ 725.

[154] Vgl. zu diesem Absatz Mayer /Interview/ 37 sowie Flick /Qualitative Sozialforschung/ 139-140.

[155] Mayer /Interview/ 40.

[156] Im Kontext dieser Arbeit soll unter einem Experten demnach jemand verstanden werden, der auf dem abgrenzbaren Gebiet der SOA über abrufbares (explizites) und umfassenden Wissen verfügt.

bige und weniger relevante Themen auszublenden und um auf typisierende und zur Forschungsfrage bezogene Inhalte zu fokussieren. Zum anderen ermöglicht die Offenheit des Leitfadens dem Experten möglichst frei, seine Meinungen und Einstellungen zum Thema zu äußern. Dabei besteht jedoch die Gefahr, dass der Experte „sein Wissen in einem Vortrag referiert"[157] und den Fokus auf die eigentliche Forschungsfrage verliert. In diesem Fall liegt es in der Verantwortung des Interviewers, das zentrale Thema anhand des Leitfadens wieder aufzugreifen.

3.3 Bestimmung der Auswahlmenge

Neben der Festlegung geeigneter Methoden zur Datenerhebung und zur Datenauswertung ist auch die Auswahl einer geeigneten Stichprobe bzw. die Bestimmung einer Auswahlmenge von großer Bedeutung. Repräsentativität und Generalisierbarkeit sind die geforderten Paradigmen. Grundsätzlich werden auch hier quantitative und qualitative Ansätze unterschieden.

Bei der quantitativen Forschung stehen Fragestellungen der statistischen Zufallsverteilung von Anteils- und Mittelwerten einer Population im Vordergrund, d. h. vor allem die Repräsentativität einer Stichprobe gegenüber ihrer Grundgesamtheit ist entscheidend.[158] Durch geeignete Wahl und Größe der Stichprobe im Verhältnis zur Grundgesamtheit sollen Verzerrungen nach Möglichkeit minimiert werden.

Hingegen stehen bei der qualitativen Methodologie andere Zielsetzungen im Vordergrund.[159] Ausgerichtet an dem zur Theorienbildung durchgeführten Prozess der Datengewinnung sind Umfang und Merkmal des Forschungsgegenstandes am Anfang der Forschung weitestgehend unbekannt. Die Stichproben werden nach festgelegten Kriterien zweckentsprechend bestimmt und weniger nach statischen Zufallverteilungsfunktionen im klassischen Sinne gezogen. Daher ist auch der Begriff der Stichprobe, der nach dem klassischen Verständnis eine Zufallsverteilung suggeriert, nicht ganz zutreffend und sollte im Kontext der qualitativen Methodologie durch den Begriff „Auswahleinheiten" oder „Auswahlmengen" substituiert werden.[160] In Abhängigkeit der Existenz von wichtigen Aspekten zur Theorienbildung kann die Auswahlmenge fortlaufend er-

---

[157] Flick /Qualitative Sozialforschung/ 140.

[158] Vgl. zu diesem und dem folgenden Satz Lamnek /Qualitative Sozialforschung/ 187-188.

[159] Vgl. zu diesem Absatz Lamnek /Qualitative Sozialforschung/ 187-188.

weitert und angepasst werden.[161] Dies fördert zum einen die notwendige Flexibilität des Forschungsprozesses, zum anderen können so adäquate Hypothesen generiert und ein umfassenderes Kategoriensystem aufgebaut werden.[162]

3.3.1 Güte der Auswahlmenge

Unabhängig davon, ob es sich um quantitative oder qualitative Forschung handelt, ist für die Güte der Stichprobe bzw. der Auswahlmenge ausschlaggebend, dass für den Forschungsgegenstand relevante Fälle aus dem Untersuchungsumfeld in die Studie einbezogen werden. Somit ist das Einbeziehen von relevanten Fällen und das Ausschließen von irrelevanten Fällen das zentrale Gütekriterium.

Wie eingangs erwähnt, wird dies bei der quantitativen Forschung durch Ziehung von Zufallsstichproben mit geeignetem Umfang erreicht. Dadurch soll gewährleistet werden, dass durch die statistische Zufallsverteilung der Stichprobe diese hinsichtlich unbekannter Merkmale unverzerrt bleibt.

Diese Herangehensweise ist bei der qualitativen Forschung jedoch ungeeignet, da hier gerade die bedeutungstragenden und typisierenden Personen, Situationen oder institutionellen Felder untersucht werden sollen, die für das Forschungsproblem eine hohe Relevanz haben.[163] Kennzeichnend für die qualitative Forschung ist zudem, dass sich die Analyse nur anhand einer relativ kleinen Auswahlmenge im Vergleich zur Stichprobe bei der quantitativen Forschung realisieren lässt. Denn „bei einer zufälligen Ziehung der Fälle würden hier die zufälligen Stichprobenfehler, die bei großen Samples kaum ins Gewicht fallen, zu folgenschweren Verzerrungen führen."[164] Qualitative Forschung zielt demnach nicht auf die quantitative Ausprägung bestimmter Merkmale und die statistische Repräsentativität ab, sondern fordert eine inhaltliche Repräsentation typischer Fälle, die durch eine angemessene und relevante Zusammensetzung der Auswahlmenge erfüllt werden soll. Dabei muss die Auswahlmenge nicht im vollen Umfang vorher fest-

---

[160] In Anlehnung an Lamnek /Qualitative Sozialforschung/ 188.

[161] Diese Strategie zur systematischen Auswahl der Untersuchungseinheiten wird in der Literatur als „Theoretical Sampling" bezeichnet und kann im Deutschen mit „gezielte Auswahl(-strategie)" übersetzt werden. Vgl. z. B. Lamnek /Qualitative Sozialforschung/ 191, 732 sowie Mayer /Interview/ 38.

[162] Vgl. Lamnek /Qualitative Sozialforschung/ 189.

[163] Vgl. Lamnek /Qualitative Sozialforschung/ 189.

[164] Lamnek /Sozialforschung/ 189.

gelegt werden, sondern kann iterativ durch Hinzuziehen weiterer Fälle ergänzt werden, bis sich eine theoretische Sättigung einstellt, die sich dadurch äußert, dass kein oder nur ein unwesentlicher Erkenntnisgewinn erzielt werden kann.[165]

3.3.2 Identifizierung von Experten

Die Identifizierung als Experte in einem konkreten Fachgebiet ist im Allgemeinen hinreichend erbracht, wenn eine gewisse Anerkennung in der Fachwelt vorhanden ist. Eine solche Anerkennung kann sich in unterschiedlicher Weise äußern, bspw. an der Teilnahme an bestimmten Fachgremien und Konferenzen oder Publikationen von anerkannten Aufsätzen, Artikeln oder Standard- und Referenzwerken.

Ferner sollte der Experte über einen aktuellen Kenntnisstand und präsentes und damit abrufbares Wissen des Forschungsgegenstandes verfügen. Gerade im Hinblick auf die Dynamik in der fortschreitenden Entwicklung der Informationstechnologie ist die Forderung nach aktuellem Kenntnisstand zwingend erforderlich. Zudem wird Praxiserfahrung mit direktem Bezug zum Forschungsgegenstand vorausgesetzt.

3.4 Datengewinnung

Im Gegensatz zur schriftlichen Befragung in Form von Fragebögen, bei denen Datenerhebung und Datenerfassung zusammenfallen, wird bei qualitativen Interviews zwischen diesen beiden aufeinander folgenden Schritten unterschieden.[166]

Datenerhebung beschreibt den Prozess der Anwendung des Erhebungsinstrumentes – hier die Durchführung der Experteninterviews. Die Durchführung der Interviews und das Stellen der Fragen gemäß dem Leitfaden reichen jedoch nicht aus, vielmehr müssen die Aussagen des Befragten in nachhaltiger Form festgehalten werden, um die daran anschließende Auswertung und Analyse zu ermöglichen.

Folglich setzt die objektive Auswertung und Analyse eine adäquate und nachhaltige Datenerfassung voraus. Denn ohne adäquate Datenerfassung besteht die Gefahr, „dass der datenerhebende Forscher subjektiv-selektiv wahrnimmt und nicht alle Informationen im Gedächtnis behält"[167] und somit eine Nachprüfbarkeit kaum möglich ist. Eine nach-

---

[165] Vgl. Lamnek /Qualitative Sozialforschung/ 193.

[166] Vgl. zu diesem Absatz Lamnek /Qualitative Sozialforschung/ 193.

[167] Lamnek /Qualitative Sozialforschung/ 387.

haltige Datenerfassung ist daher unverzichtbar für qualitative Interviews.[168] Als Medium der Datenerfassung von Interviews empfiehlt sich eine akustische Aufzeichnung des Gesprächsverlaufs.

3.5 Transkription

Im vorherigen Kapitel wurde die Notwendigkeit diskutiert, dass neben der eigentlichen Datenerhebung aus Gründen der Nachprüfbarkeit und zur Vermeidung der subjektiv-selektiven Wahrnehmung eine adäquate Datenerfassung vorzunehmen ist. Die Gesprächaufzeichnung stellt noch keine geeignete auswertbare Form dar, so dass eine Transkription[169] des Gesprochenen als vorbereitende Maßnahme für weitere Analyseschritte erforderlich ist.[170]

Neben dem Protokollieren der verbalen Gesprächsinhalte müssen Regeln zur Behandlung von nonverbalen Gesprächsbestandteilen festgelegt werden. Nonverbale Gesprächsbestandteile sind kürzere und längere Pausen, Lachen, Räuspern oder sonstige Gesprächsbrüche. Bei soziologischen Forschungsfragen können nonverbale und „parasprachliche Elemente"[171] aufschlussreiche und relevante Informationen enthalten, die in anschließenden Analysen und Interpretationen berücksichtigt werden können. Auch Stimmlage, Intonation oder Lautstärke können Emotionen reflektieren und das Gesagte untermauern, Ironie, Zynismus und Unsicherheit erkennen lassen oder Lügen entlarven.

Am Ende muss zudem sichergestellt werden, dass entsprechend der getroffenen Vereinbarung Namen und Angaben zu Personen anonymisiert werden.

3.6 Qualitative Inhaltsanalyse

Den Kern der Auswertung stellt die qualitative Inhaltanalyse dar. Bevor jedoch die eigentliche Methode zur qualitativen Inhaltsanalyse erläutert wird, soll kurz eine Abgrenzung zur quantitativen Inhaltsanalyse vorgenommen werden.

---

[168] Vgl. Lamnek /Qualitative Sozialforschung/ 387-389.

[169] Transkription (lat.: transcriptio) bedeutet die (schriftliche) Übertragung, das Umschreiben: a) lautgerechte Übertragung in eine andere Schrift; b) fonetische Umschrift. Vgl. Dudenredaktion /Fremdwörterbuch/ 1051. In der Sozialwissenschaft wird darunter das Übertragen eines Interviews in eine auswertbare, schriftlich fixierte Form verstanden.

[170] Vgl. zu diesem Absatz Lamnek /Qualitative Sozialforschung/ 403, Mayring /Qualitative Sozialfoschng/ 89-94 sowie Bortz, Döring /Forschungsmethoden/ 311-312.

[171] Meuser, Nagel /Experteninterviews/ 456.

3.6.1 Abgrenzung zur quantitativen Inhaltsanalyse

Analog zur Unterscheidung von qualitativen und quantitativen Interviewtechniken wird zwischen qualitativer und quantitativer Inhaltsanalyse unterschieden.

Bei der quantitativen Inhaltsanalyse wird eine Zuordnung von konkreten Textpassagen zu ausgewählten, übergreifenden Kategorien (Bedeutungseinheiten) angestrebt.[172] Die Anzahl der Textpassagen, die einer bestimmten Kategorie zugeordnet werden können, kennzeichnet die Eigenschaften des Textes. Das Ergebnis liefert eine Häufigkeitsverteilung, die mit geeigneten statistischen Verfahren aufbereitet und mit Hypothesentests überprüft werden können, um die Intensität bestimmter Merkmalausprägungen des Textes bewerten zu können.

Die qualitative Inhaltsanalyse zielt im Gegensatz zur quantitativen Inhaltsanalyse nicht auf eine Auszählung und Zuordnung von einzelnen Textpassagen zu Kategorien ab, sondern hier sollen einzelne Textpassagen qualitativ analysiert und inhaltlich interpretiert werden.[173] Folglich differenziert sich die qualitative Inhaltsanalyse von der quantitativen formal dadurch, dass keine Quantifizierung vorgenommen wird. Im Fokus der Analyse stehen Verbalisierungen der Erfahrungsrealität des Befragten. In Teilbereichen können aber auch bei der qualitativen Inhaltsanalyse Quantifizierungen vorgenommen werden, „um den Grad der Übereinstimmung unterschiedlicher Deutungen zu messen."[174] Bei genauer Betrachtung stellt somit die qualitative Inhaltsanalyse mit ihren Analyse- und Interpretationstechniken eine umfangreichere Auswertungsmethodik als die quantitative Methode dar.[175]

3.6.2 Qualitative Inhaltsanalyse nach Mayring

Die qualitative Inhaltsanalyse nach Mayring scheint für den Forschungsgegenstand dieser Arbeit geeignet zu sein, weil das Hauptziel in der Bildung eines Kategoriensystems liegt und das inhaltsanalytische Ablaufmodell strukturiert ist.[176] Darüber hinaus ist dieses Verfahren auf die manifestierten Kommunikationsinhalte fokussiert und weniger auf

---

[172] Vgl. Bortz, Döring /Forschungsmethoden/ 149.

[173] Vgl. Bortz, Döring /Forschungsmethoden/ 149.

[174] Botz, Döring /Forschungsmethoden/ 296.

[175] Vgl. Lamnek /Qualitative Sozialforschung/ 506.

[176] Siehe Anhang A: Interpretationsregeln nach Mayring.

latente, stark interpretationsbedürftige Gesprächselemente.[177] Dies bedeutet, dass ausschließlich die Aussagen des Befragten untersucht werden, die dieser bewusst und explizit von sich gegeben hat. Dieser Ansatz entspricht somit dem Forschungsanspruch dieser Arbeit.

Mayring unterscheidet drei Grundformen der qualitativen Inhaltsanalyse:[178]

- Zusammenfassende Inhaltsanalyse: Ziel der Zusammenfassung ist es, das Textmaterial auf wesentliche Inhalte zu reduzieren, d. h. „durch Abstraktion einen überschaubaren Corpus zu schaffen, der immer noch Abbild des Grundmaterials ist."[179]

- Explizierende Inhaltsanalyse: Die Explikation dient dazu, offen gebliebene oder interpretationsbedürftige Testpassagen oder einzelne Worte zu erklären oder zu erläutern und das Verständnis zu erweitern. Dazu wird zusätzliches Textmaterial hinzugezogen. Somit stellt die explizierende Inhaltsanalyse in gewisser Hinsicht einen Gegensatz zur zusammenfassenden Inhaltsanalyse dar, bei der es um die Reduktion des Materials geht.

- Strukturierende Inhaltsanalyse: Das Ziel der strukturierenden Analyse ist es, eine bestimmte Struktur aus dem Textmaterial herauszufiltern und das Material aufgrund vorher festgelegter Kriterien einzuschätzen und einen Querschnitt durch das Material zu legen.

Während der Auswertung der Studie zeigte sich, dass keine unverständlichen oder interpretierbedürftigen Textpassagen auftraten, so dass auf die Anwendung der explizierenden Inhaltsanalyse nicht zurückgegriffen werden musste. Vereinzelt wurden Fachtermini verwendet, die jedoch dem Autor dieser Arbeit bekannt waren und im Grundlagenkapitel oder an geeigneter Stelle dieser Arbeit erläutert werden. Zudem konnten im Vorfeld dieser Studie keine Kriterien festgelegt werden, so dass auch die strukturierende Analyse keine Anwendung fand. Im Zentrum der Forschungsmethode steht somit die zusammenfassende Inhaltsanalyse, die im folgenden Abschnitt detailliert vorgestellt wird.[180]

---

[177] Vgl. zu diesem und dem folgenden Satz Lamnek /Qualitative Sozialforschung/ 513.

[178] Vgl. Mayring /Qualitative Inhaltsanalyse/ 58 sowie Mayring /Qualitative Sozialforschung/ 115.

[179] Mayring /Qualitative Inhaltsanalyse/ 58.

[180] Vgl. Mayring /Qualitative Inhaltsanalyse/ 58.

3.6.3 Zusammenfassende Inhaltsanalyse

Der Vorteil der zusammenfassenden Inhaltsanalyse liegt zum einen in der relativ strukturierten Vorgehensweise, die aus definierten Einzelschritten besteht.[181] Zum anderen im resultierenden Kategoriensystem, was für den Zweck dieser Arbeit besonders geeignet erscheint.[182]

Die einzelnen Schritte der zusammenfassenden Inhaltsanalyse sind Paraphrasierung, Generalisierung auf ein geeignetes Abstraktionsniveau und Reduktion mit anschließender Erstellung des Kategoriensystems. Die Operationen, die in den einzelnen Schritten verwendet werden können, sind: Auslassungen, Generalisierungen, Konstruktionen, Integrationen, Selektionen und Bündelungen.[183]

(1) Paraphrasierung:

Zunächst muss sichergestellt werden, dass nur die Textpassagen ausgewertet werden, die einen direkten Bezug zur Forschungsfrage haben. Textpassagen ohne Bezug zur Forschungsfrage und nicht inhaltstragende Textpassagen, wie ausschmückende Redewendungen werden ausgelassen. Die Paraphrasierung beschränkt sich somit auf inhaltstragende und relevante Textpassagen, die auf eine einheitliche Sprachebene und eine grammatikalische Kurzform gebracht werden.

(2) Generalisierung:

Der Schritt der Generalisierung sorgt dafür, dass die inhaltstragenden Paraphrasen auf ein vorher definiertes Abstraktionsniveau gehoben werden, so dass die bisherigen konkreten Aussagen in den neu formulierten Ausführungen impliziert werden.

(3) Reduktion:

Die Reduktion unterteilt sich in zwei Teilschritte:

a.) Streichung von bedeutungs- und inhaltsgleichen Paraphrasen und unwichtigen Paraphrasen. Unwichtige Paraphrasen sind solche, die im weiteren Verlauf der Analyse als irrelevant, vage oder mit fehlendem Bezug zur Forschungsfrage identifiziert wurden. So wird sichergestellt, dass nur die Paraphrasen übernommen werden, die „weiterhin als zentral inhaltstragend erachtet werden."[184]

---

[181] Siehe Anhang A: Interpretationsregeln nach Mayring.

[182] Vgl. Mayring /Qualitative Inhaltsanalyse/ 62.

[183] Der interessierte Leser sei auf Mayring /Qualitative Inhaltsanalyse/ 59 verwiesen.

[184] Mayring /Qualitative Inhaltsanalyse/ 62.

b.) Zusammenfassung von Paraphrasen mit gleicher bzw. ähnlicher Aussage oder von mehreren Aussagen zu einem Gegenstand zu einer Paraphrase.

(4) Zusammenstellung des Kategoriensystems:

Resultierend aus den vorangegangenen Schritten erfolgt die Zusammenstellung der reduzierten Aussagen in einem Kategoriensystem. Dabei muss sichergestellt werden, dass das konstruierte Kategoriensystem das Ausgangsmaterial noch repräsentiert.

3.7 Gütekriterien

Die klassischen Gütekriterien der sozialwissenschaftlichen Forschung dienen zur Überprüfung einer Forschungsmethode. Die wichtigsten Kriterien sind Validität (Gültigkeit) zur Gewährleistung, dass „das gemessen wird, was gemessen werden soll"[185] und Reliabilität (Zuverlässigkeit), die angibt, ob bei einer Wiederholung der Methode unter sonst gleichen Bedingungen gleiche Resultate erzielt werden können und somit ein Maß für Stabilität und Genauigkeit der Forschungsmethode darstellt.[186] Die Gütekriterien haben ihren Ursprung in der quantitativen Forschung. Ihre Übertragung auf die qualitative Forschung wird von anerkannten Sozialwissenschaftlern kritisch gesehen, so dass die Forderung nach neuen methodenangemessenen Gütekriterien bzw. Reformulierung der klassischen Gütekriterien diskutiert wird.[187]

Im Rahmen der Studie wurde versucht, Zuverlässigkeit der Methode entsprechend der Empfehlung von Flick zu erzielen, indem durch die Darlegung aller Analyseschritte erkenntlich wird, was die Aussagen der Befragten und was die Interpretationen des Analysten sind. Die Validität wurde sichergestellt, indem nach Abschluss der Studie die Zustimmung der Befragten zu den Ergebnissen der Analyse eingeholt wurde.

3.8 Kritische Würdigung der Forschungsmethode

In der sozialwissenschaftlichen Literatur existiert eine Vielzahl von literarischen Ausführungen zum Themengebiet der Datenerhebung und -auswertung. Dabei werden zum Teil einzelne Begriffe nicht trennscharf von allen Autoren eingehalten und sogar miss-

---

[185] Mayer /Interview/ 54-55.

[186] Mayring /Qualitative Inhaltsanalyse/ 109 sowie Mayer /Interview/ 54-55.

[187] Der interessierte Leser sei auf Mayring /Qualitative Sozialforschung/ 109-117, Flick /Qualitative Sozialfoschung/ 317- 344 sowie Mayer /Interview/ 54-56 verwiesen.

verständlich verwendet.[188] Der Diskurs zur Vereinheitlichung der Terminologie aus dem Forschungsgebiet der Sozialforschung ist nicht Bestandteil dieser Arbeit. Vielmehr werden geeignet erscheinende und relevante Methoden aus der Sozialforschung extrahiert und modifiziert, um diese auf den Forschungsgegenstand dieser Arbeit anzuwenden.

Mayring legitimiert eine Modifikation der Untersuchungsmethode, da die Auswahl der Erhebungs-, Aufbereitungs- und Auswertungstechniken sowie die Zusammenstellung des konkreten Analyseinstruments auf den Gegenstand und den Forschungsanspruch der Untersuchung bezogen sein müssen.[189]

Die Forschungsfrage dieser Studie konzentriert sich auf die Exploration von explizitem Expertenwissen zur Identifizierung und Klassifizierung von Problemsituationen bei der Einführung einer SOA. Dabei geht es nicht um die Analyse der soziokulturellen oder emotionalen Situation des Befragten – wie in der Sozialforschung – sondern vielmehr steht die Auswertung der inhaltstragenden und sachlogischen Äußerungen im Vordergrund.

Die Modifikation betrifft im Wesentlichen die folgenden beiden Punkte:

- Verzicht auf eine tiefergehende Protokollierung nonverbaler Gesprächsbestandteile
- Konzentration auf die zusammenfassende Inhaltsanalyse nach Mayring; explizierende und strukturierende Inhaltsanalyse wurden nicht angewandt[190]

Die zusammenfassende Inhaltsanalyse nach Mayring ist für die Studie dieser Arbeit besonders geeignet, da diese:

- ein relativ schematisches Interpretationsregelwerk beinhaltet, das subjektiv-selektive Verzerrungen vermeiden und Nachprüfbarkeit sicherstellen soll,
- in einem Kategoriensystem resultiert und
- geeignete Operationen zur Paraphrasierung, Generalisierung und Reduktion zur Verfügung stellt.

---

[188] Vgl. Lamnek /Qualitative Sozialforschung/ 330.

[189] Vgl. Mayring /Qualitative Sozialforschung/ 133.

[190] Siehe Kapitel 3.6.2 Qualitative Inhaltsanalyse nach Mayring.

4. Auswertung und Analyse der Forschungsergebnisse

Mithilfe der im vorherigen Kapitel vorgestellten Forschungsmethode wurde eine explorative Studie zur Identifizierung und Klassifizierung von Problemsituationen bei der Einführung[191] einer SOA durchgeführt.

Im Kapitel 4.1 wird die Anwendung der Forschungsmethode dargelegt. Kapitel 4.2 listet die identifizierten Problemsituationen und die jeweilige Nennung in den Interviews auf, die anschließend im Kapitel 4.3 detailliert erläutert und klassifiziert werden. Kapitel 4.4 schließt mit aus den Problemsituationen resultierenden Implikationen zum Einführungsprozess einer SOA (Kapitel 4.4.2), Überlegungen zur Vorbereitung einer quantitativen Hypothesenüberprüfung (Kapitel 4.4.3) und einem Ausblick zum Potenzial von SOA als nachhaltiges Architekturkonzept (Kapitel 4.4.4) ab.

4.1 Anwendung der Forschungsmethode

Im Vorfeld der Studie wurden 65 potenzielle Experten identifiziert. Sie entstammen entweder dem Teilnehmerkreis des SOA-Forums 2005 und des SOA-Kongresses 2006, oder haben einen Aufsatz zum Themengebiet der SOA veröffentlicht. In einem zweiten Schritt erfolgte eine feinere Selektion, welche die Themenwahl der Artikel oder den Inhalt der Konferenzbeiträge berücksichtigte. Die Auswahlmenge wurde in diesem Schritt auf 13 Experten reduziert.

Danach wurde mit den 13 Experten via E-Mail ein Termin zur Durchführung der Telefoninterviews vereinbart.[192] Mit acht Experten konnte ein Termin vereinbart werden; das entspricht einer Rücklaufquote von 61,5 %. Von den verbliebenen fünf Experten antworteten drei nicht auf die E-Mail und zwei befanden sich zum damaligen Zeitpunkt im Urlaub. Die im Vergleich zu anderen Studien überdurchschnittliche Rücklaufquote[193] von 61,5 % ist auf drei Faktoren zurückführen:

---

[191] Unter Einführung wird hier der Prozess der Implementierung einer SOA verstanden. Der Prozess beginnt mit der Entscheidungsfindung und erstreckt sich bis zur Produktivsetzung einer SOA.

[192] Siehe Anhang B: E-Mail zur Terminvereinbarung eines Telefoninterviews.

[193] Die Rücklaufquoten unterschiedlicher Studien liegen zwischen 10 % und 90 %; vgl. Bortz, Döring /Foschungsmethoden/ 256-257. Die Onlinebefragung einer ähnlichen Studie von Durst und Daum zu Erfolgsfaktoren der SOA hatte eine Rücklaufquote von 41 %. Eine Rücklaufquote zu den Experteninterviews wird leider nicht angegeben, nur dass insgesamt 15 Experten interviewt wurden; vgl. Durst, Daum /Erfolgsfaktoren SOA/ 20-23.

(1) Der Fachkreis der Experten ist auf Problemsituationen bei der Einführung einer SOA sensibilisiert.

(2) Die Experten haben ein hohes Interesse am Ergebnis der Forschungsfrage, welches von ihnen während der Kontaktaufnahme im Vorfeld der Studie und im Verlauf der Interviews zum Ausdruck gebracht wurde.

(3) Die Auswahl der Experten im Vorfeld der Studie wurde mit einer angemessenen Sorgfalt betrieben.

Alle Interviews waren halbstrukturiert und wurden mithilfe eines Leitfadens geführt.[194] Der Leitfaden wurde vor der eigentlichen Studie mit zwei Experten, die dem Autor dieser Arbeit persönlich bekannt sind, besprochen und abgeglichen. Diese Phase zur Eingrenzung und Fokussierung der Forschungsfrage sowie zur Vermeidung von Unverständlichkeiten wird als Pretest oder Vorstudie bezeichnet.[195] Ein Pretest wird vor der Durchführung jeder Studie empfohlen.

In der Einleitungsphase des Interviews fand die gegenseitige Vorstellung statt. Zudem wurde die Motivation der Studie kurz dargelegt. Die vertrauliche Behandlung der Aufzeichnung unter Wahrung der datenschutzrechtlichen Bestimmungen sowie die Anonymisierung des Experten wurden ebenfalls zugesichert. Die Einleitungsphase wurde mit der Einholung der Erlaubnis zur Aufzeichnung der zentralen Gesprächsinhalte des Interviews abgeschlossen. Im Zentrum der Interviews stand die Forschungsfrage zur Identifizierung von konkreten Problemsituationen bei der Einführung einer SOA, die während eines bestimmten Projekts aus dem Erfahrungsbereich des Experten auftraten. Zudem wurde nach der Einschätzung der SOA, ob diese eher als fachlich getriebener Ansatz oder technologiegetriebenes Konzept betrachtet wird, und nach dem Potenzial der SOA als nachhaltiges Architekturkonzept gefragt. In der Gesprächsabschlussphase wurde dem Experten zur Bereitschaft an der Teilnahme der Studie Dank ausgesprochen und nach seinen Empfindungen im Hinblick auf den Ablauf des Interviews gefragt. Zudem konnte er weitere Anregungen, Wünsche und Kritik äußern. Die Einleitungs- und Gesprächsabschlussphase wurden nicht aufgezeichnet.

Tab. 4-1 gibt einen Überblick über die Rollen bzw. Funktionen der Experten in den jeweiligen Unternehmen, die zugehörige Branche und ihre Berufserfahrung. Alle teilnehmenden Experten nehmen verantwortungsvolle Funktionen oder leitende Positionen

---

[194] Siehe Anhang C: Interviewleitfaden.

[195] Vgl. zu diesem und dem folgenden Satz Mayer /Interview/ 44-45.

in den jeweiligen Unternehmen ein. Sechs der acht Experten sind in der IT-Dienstleistung- und Beratungsbranche tätig; die anderen beiden sind in führender Position bei großen Finanzdienstleistungsunternehmen beschäftigt. Zudem gaben alle Experten an, mehrjährige Erfahrung im IT-Bereich zu haben; die Anzahl der Berufsjahre schwankte zwischen acht und 40 Jahren. Die Erfahrung mit SOA lag zwischen vier und sieben Jahren. Einige Experten gaben an, dass es bei ihnen ein schleichender Übergang von EAI zu SOA gewesen wäre.

Nr.	Datum	Befragter	Rolle / Funktion	Branche	Berufserfahrung IT (davon SOA) in Jahren
1	18.12.2006	anonymisiert	Senior Director SOA Department	IT-Dienstleister	15 (6,5)
2	19.12.2006	"	Solution Architect	IT-Dienstleister	8 (6)
3	19.12.2006	"	Bereichsleiter SOA	IT-Dienstleister	25 (5,5)
4	20.12.2006	"	Bereichsleiter SOA	Finantdienstleister	16 (7)
5	09.01.2007	"	Senior Architect	Finantdienstleister	40 (5)
6	09.01.2007	"	unabhängiger IT-Berater	IT-Dienstleister	25 (6)
7	11.01.2007	"	Product- and Qualitymanager	IT-Dienstleister	10 (7)
8	15.01.2007	"	Managing Partner	IT-Dienstleister	26 (4)

Tab. 4-1: Hindergrundinformationen zu den Experten

Alle acht Interviews wurden im Zeitraum zwischen dem 18. Dezember 2006 und dem 15. Januar 2007 telefonisch durchgeführt.

Vorteile des telefonisch geführten Interviews sind:

- Befragte bleiben in ihrer vertrauten, alltäglichen Umgebung
- relativ kostengünstiges Medium
- keine regionale Beschränkung bzw. Einsparung von Reisekosten

Die Interviews dauerten im Schnitt 49 Minuten, wobei die durchschnittliche Aufzeichnungsdauer bei 32 Minuten lag. Die aufgezeichneten Gesprächsbestandteile wurden zeitnah zum durchgeführten Interview transkribiert.[196] Dabei wurden zur Erhöhung der Lesbarkeit und zur Vereinfachung der Auswertung kleinere Satzbaufehler korrigiert, verschluckte Silben ergänzt und Umgangssprache bereinigt. Gröbere Satzbaufehler und Satzbrüche wurden durch die Kennzeichnung mit drei Punkten vom folgenden Satzfragment abgrenzt. Es ist der Eindruck entstanden, dass dies insbesondere dann auftrat, wenn der Befragte einen neuen Gedankengang ins Auge fasste oder seine Argumentati-

---

[196] Siehe Anhang D: Transkriptionen der Interviews.

onskette verloren hatte. Tab. 4-2 gibt einen Überblick über die Dauer der Interviews und der Aufzeichnungsphase, sowie über den Umfang der Transkriptionen und die Anzahl der in den jeweiligen Interviews identifizierten Problemsituationen.

Nr.	Datum	Dauer der Interviews [min]	Dauer der Aufzeichnung [min]	Trans-kription: Seitenzahl	Trans-kription: Zeilenzahl	Anzahl der iden-tifizierten Prob-lemsituationen
1	18.12.2006	33	12,6	7	214	10
2	19.12.2006	35	21,7	9	274	14
3	19.12.2006	72	43,9	17	556	7
4	20.12.2006	33	25,2	13	411	11
5	09.01.2007	51	40,0	13	429	18
6	09.01.2007	73	50,6	21	701	9
7	11.01.2007	42	24,7	10	312	14
8	15.01.2007	54	38,3	16	520	12
Summe		**393,00**	**257,00**	**106,00**	**3417,00**	**95,00**
Durchschnitt		**49,13**	**32,13**	**13,25**	**427,13**	**11,88**
Standardabweichung[197]		**15,37**	**12,11**	**4,32**	**151,09**	**3,22**

Tab. 4-2: Aufbereitung der Interviews

Kritisch anzumerken ist, dass fast alle Experten mit der geforderten Praxiserfahrung eine Zugehörigkeit oder zumindest eine gewisse Nähe zu bestimmten Unternehmen aus dem SOA-Umfeld vorzuweisen haben oder für einen SOA-Anbieter direkt tätig sind. So sind einzelne Aussagen, die sich auf bestimmte Vorzüge bestimmter Technologien oder SOA-Produkte beziehen, kritisch zu hinterfragen, da eine Umwerbung der eigenen Pro-dukte oder Dienstleistung zu befürchten ist. Dies wurde aber durch geeignete Fragestel-lungen weitgehend vermieden oder gegebenenfalls bei der qualitativen, inhaltsanalyti-schen Auswertung nicht berücksichtigt. Zudem war auch nicht auffällig, dass bestimmte

---

[197] Vgl. z. B. Schlittgen /Statistik/ 137:

Standardabweichung: $\quad Std = \sqrt{Var} = \sqrt{\sigma^2} = \sigma$

mit Varianz: $\quad Var = \sigma^2 = \frac{1}{N}\sum_{i=1}^{N}\left(x_i - \overline{x}\right)^2 \; ; \quad \overline{x} = \frac{1}{N}\sum_{i=1}^{N} x_i$

$\overline{x}\quad$:= empirischer Mittelwert

$N\quad$:= Stichprobenumfang

$x_i\quad$:= Merkmalsausprägung am i-ten Element der Stichprobe

Technologien oder SOA-Produkte bestimmte Problemsituationen eher hervorrufen als andere.

4.2 Identifizierung der genannten Problemsituationen

Insgesamt wurden 95 Problemsituationen mithilfe der Forschungsmethode in den Aussagen der Experten identifiziert.[198] Die Anzahl der genannten Problemsituationen schwankte zwischen sieben und 18. Die 95 genannten Problemsituationen wurden zu 36 Problemsituationen aggregiert, da inhaltlich gleiche oder ähnliche Aussagen zusammengefasst werden konnten.[199]

Tab. 4-3 gibt einen Überblick über die identifizierten Problemsituationen und die Interviews, in denen die jeweilige Problemsituation genannt wurde.

Problemsituation	Nennung im Interview[200]
unzureichendes Change-Management	[3], [4], [5], [8]
unzureichendes Commitment	[1], [2], [4], [7], [8]
unrealistische Erwartungen	[2], [3], [4]
abteilungsübergreifende Interessenkonflikte	[2], [8]
mangelnde Akzeptanz	[4], [5]
unzureichende Kommunikation (seitens Management)	[5]
unzureichende Beschreibung der Verantwortlichkeiten und Rollenverteilung	[2], [6], [7], [8]
ungeeignete Vorgehensmodelle	[1], [2], [3], [5], [8]
mangelnde Analyse	[2]
mangelnder Fokus auf globale Zusammenhänge	[1], [2], [5], [8]
mangelnde Geschäftsprozessorientierung	[6]
mangelndes Business-IT-Alignment	[5]
unzureichende Identifikation und Definition der Geschäftsprozesse	[2], [6], [7]
zu technische Betrachtung und Herangehensweise	[3]
mangelnder Erfahrungs- und Kenntnisstand	[1], [2], [3], [5], [6], [7]
mangelndes Abstraktionsvermögen	[5], [6]

---

[198] Siehe Anhang E: Einzelauswertung der Interviews.

[199] Siehe Anhang F: Gesamtauswertung der Problemsituationen.

[200] Im weiteren Verlauf dieser Arbeit wird als Zitierweise für Interviews die folgende Schreibweise verwendet: [x].*<Beginn in Zeile> - <Ende in Zeile>*, evtl. weitere Zeilenangaben [*<Beginn in Zeile> - <Ende in Zeile>*] mit x als Interview Nr. In der Tabelle wurde auf die Angabe der Zeilennummern verzichtet, weil in den folgenden Diskussionen auf die entsprechenden Stellen in den Interviews verwiesen wird.

Beispiel: Interview Nr. 3, Zeilen 123-127 und Zeilen 237-241 wird wie folgt als Kurzzitat dargestellt: [3].123-127,237-241.

Problemsituation	Nennung im Interview[200]
unzureichende Technologiebeherrschung	[3]
hohe Änderungsfrequenz neuer Technologien	[5]
mangelnde Kommunikation und Abstimmung	[1], [2], [4], [5], [7]
bestehende Abhängigkeiten	[1], [5]
keine einheitliche Terminologie	[2], [5], [6]
mangelnde Transparenz der Wirtschaftlichkeit	[8]
unzureichende Trennung zwischen fachlicher Konzeption und technischer Implementierung	[5], [7]
ungeeignete Wahl der Granularität der Services	[7]
mangelnde Unterstützung der Wiederverwendbarkeit der Services	[4], [5], [6], [7]
mangelnde Unterstützung der Austauschbarkeit der Services	[2], [4], [5], [7]
Abweichung zwischen Schnittstellenbeschreibung und Serviceimplementierung	[2], [4]
mangelndes oder unvollständiges Service-Repository	[1], [4], [5], [6], [7]
unterschiedliche Versionen eines Services	[1]
anfänglicher Perfomance-Downgrade	[3], [8]
funktionale „Gaps"[201]	[3]
bestehende Systemlandschaften	[1], [7], [8]
bestehende Herstellerabhängigkeiten	[5]
keine Unterstützung von Single-Sign-On	[8]
Wahrung der (Daten-)Integrität	[8]
unterschiedliche Semantik in den Datenquellen	[4]

Tab. 4-3: Identifizierte Problemsituationen

4.3 Klassifizierung der identifizierten Problemsituationen

Im Verlauf der Auswertung und Analyse werden die 36 identifizierten Problemsituationen folgenden neun Klassen zugeordnet:

- Unzureichendes Change-Management (Kapitel 4.3.1)

- Mangelnder Fokus auf globale Zusammenhänge (Kapitel 4.3.2)

- Personelle Herausforderungen (Kapitel 4.3.3)

- Mangelnde Transparenz der Wirtschaftlichkeit (Kapitel 4.3.4)

- Ungeeignetes Service-Design (Kapitel 4.3.5)

- Limitationen neuer Technologien (Kapitel 4.3.6)

- Technologieabhängigkeiten (Kapitel 4.3.7)

---

[201] Auf eine deutsche Übersetzung des Begriffs „Gap" wird verzichtet, da dieser Begriff zum einen in den Interviews gefallen und zum anderen sehr präzise ist. Gemeint ist ein Defizit des vollen, erwarteten Funktionsumfangs bestimmter Komponenten oder Werkzeuge (engl. tools) einer SOA.

- Komplexes Security-Identity-Management (Kapitel 4.3.8)
- Inkonsistenz der Daten (Kapitel 4.3.9)

Die diesen Klassen zugeordneten Problemsituationen werden in den jeweiligen Abschnitten erläutert und diskutiert.

Die identifizierten Problemsituationen „Unzureichendes Change-Management" und „Mangelnder Fokus auf globale Zusammenhänge" werden aufgrund des im Vergleich zu den anderen genannten Problemsituationen höheren Abstraktionsniveaus als eigenständige Klassen festgelegt, denen wiederum andere Problemsituationen zugeordnet werden können. Ähnliches gilt für die genannte Problemsituation „Mangelnde Transparenz der Wirtschaftlichkeit", die keiner anderen Klasse eindeutig zugeordnet werden kann, so dass diese eine eigene Klasse darstellt. Dies ist aufgrund ihrer strategischen Bedeutung durchaus berechtigt.

Die Klassen „Mangelnder Fokus auf globale Zusammenhänge" und „Personelle Herausforderungen" haben zudem einen engen Bezug zur Klasse „Unzureichendes Change-Management", da thematisch die Schulungsmaßnahmen für Mitarbeiter und die Ausrichtung der SOA auf die globale Unternehmensstrategie im Rahmen des Change-Managements abzudecken sind. Jedoch ist auch hier aufgrund der strategischen Bedeutung dieser Klassen, die Separation zur Klasse „Unzureichendes Change-Management" angebracht.

Des Weiteren erfolgt die Zuordnung der Problemsituationen zu den Klassen nach inhaltlichen Gesichtspunkten, die auf thematisch verwandte Zusammenhänge schließen lassen. Bei einigen identifizierten Problemsituationen besteht die Möglichkeit, diese unterschiedlichen Klassen zuzuordnen. Bspw. die Problemsituation „mangelndes oder unvollständiges Service-Repository", welche einen thematisch engen Bezug zur Klasse „Ungeeignetes Service-Design", aber auch zu „Limitationen neuer Technologien" besitzt. Ein weiteres Beispiel ist die „mangelnde Technologiebeherrschung", die auf den ersten Blick einen starken Bezug zur Klasse „Limitationen neuer Technologien" vorzuweisen hat, aber der Klasse „Personelle Herausforderungen" zugeordnet wird, weil der Mangel der Technologiebeherrschung durch Schulungsmaßnahmen aufzulösen ist. D. h. in den Fällen, wo zunächst die Zuordnung zu mehreren Klassen möglich wäre, erfolgt die Zuteilung anhand der größeren Relevanz für eine bestimmte Klasse bzw. zu der Klasse, in welcher die jeweilige Problemsituation aufzulösen ist.

4.3.1 Unzureichendes Change-Management

Unter Change-Management werden Aktivitäten und Maßnahmen verstanden, die eine umfassende, unternehmensweite und strukturelle, wie auch inhaltlich weitreichende Veränderung in einer Organisation bewirken soll, um Strategien, Strukturen, Systeme, Prozesse oder Vorgehensmodelle einzuführen, zu ändern oder abzulösen.[202]

Die Einführung einer SOA führt weitreichende und organisatorische Änderungen mit sich.[203] Werden diese Änderungen nicht oder nur im begrenzten Umfang von einem Change-Management-Prozess begleitet, sind negative Auswirkungen wahrscheinlich, und somit ist der erfolgreiche Abschluss einer SOA-Einführung gefährdet.[204]

Die Experten bemängelten die weiter unten erläuterten Problemsituationen (C.1 bis C.8), die im Rahmen des Change-Management aufzulösen sind, und daher dieser Klasse zugeordnet werden.

C.1 unzureichendes Commitment[205]

Die organisatorischen und architektonischen Veränderungen bei der Einführung einer SOA müssen unternehmensweit kommuniziert und von allen Beteiligten getragen werden.[206] D. h. fehlt ein entsprechendes Commitment sowohl von Seiten der Entscheidungsträger auf Managementebene, die als Sponsoren des Projekts fungieren, als auch aller betroffenen Fachabteilungen samt ihrer Mitarbeiter sowie der IT-Abteilung, welche die Einführung technisch zu begleiten hat, ist die erfolgreiche SOA-Einführung gefährdet. Strukturelle Verbesserungen und organisatorische Veränderungen sind ohne die Investition in Zeit, Geld und weiterem Aufwand nicht durchführbar.[207] Veränderun-

---

[202] Vgl. Zarnekow, Hochstein, Brenner /IT-Management/ 181.

[203] Vgl. zu diesem Absatz [3].347-348, [4].309-313,328-334,341-343, [5].319-320, [8].509-511.

[204] Vgl. Bruton /IT Services Process/ 75 sowie Marks, Bell /SOA/ 84.

[205] Auf eine deutsche Übersetzung des Begriffs „Commitment" wird im Kontext dieser Arbeit verzichtet. Der Begriff kann im Deutschen mit „Verpflichtung" oder „Verbindlichkeit" reflektiert werden und meint in diesem Zusammenhang: die verbindliche Einhaltung und Unterstützung der Vereinbarungen, die im Rahmen des Change-Management zur Einführung einer SOA getroffen wurden.

[206] Vgl. zu diesem Absatz [1].157-159,164-165, [2].130-131,140-144,191-193, [4].292-294, [7].267-268, [8].334-338,354-356,465.466,486-488 sowie Krafzig, Banke, Slama /Enterprise SOA/265-266.

[207] Vgl. zu diesem Absatz Stelzer, Mellis /Success Factors/ 15-16. In diesem Artikel werden Erfolgsfaktoren für den organisatorischen Wandel bei Softwareprozessverbesserungen diskutiert. Da bei der Softwareprozessverbesserung auch infrastrukturelle Maßnahmen angesprochen werden, wird hier die Analogie zur softwarearchitektonischen Veränderungen in Betracht gezogen.

gen bewirken häufig Widerstand von Gruppen oder einzelnen Personen.[208] Die Notwendigkeit zur Investition in Zeit und Geld und die Forderung, die Widerstände der Mitarbeiter zu überwinden, können die strukturellen Veränderungen behindern. Fehlende Unterstützung seitens des Managements gefährdet den erfolgreichen Abschluss des Projekts.[209]

Prinzipiell gilt diese Problemsituation nicht nur für eine SOA-Einführung, sondern für alle Umstrukturierungs- und Integrationsprojekte. Aufgrund des hohen Stellenwertes wurde sie an dieser Stelle jedoch explizit erläutert.

C.2 unrealistische Erwartungen

Aufgrund der Neuartigkeit des SOA-Konzepts und dem daraus resultierenden mangelnden Kenntnisstand über SOA werden zum Teil unrealistische und überzogene Erwartungshaltungen der SOA entgegengebracht.[210] Ein Experte wies darauf hin: „Die SOA schützt uns nicht davor, dass wir Fehler machen."[211], ein anderer stellte fest, dass SOA zunächst keine Mechanismen bereitstellt, die den Architekten das Design abnehmen würden.[212] Jedoch werden von SOA-Anbietern zum Teil vollmundige Versprechungen offeriert, die den derzeitigen Stand der Technik kaum reflektieren und bei weitem verfehlen und somit das Hypethema mit unrealistischen Versprechungen nähren.[213] Zudem führt die Einführung einer SOA keine schnellen Resultate herbei, sondern ist auf langfristigen Erfolg mit strategischer Bedeutung ausgelegt.[214] Werden keine realistischen Ziele formuliert, die in absehbarer Zukunft überprüfbar sind, besteht die Gefahr, dass übereilt getroffene Erwartungen binnen kurzer Zeit in Frustrationen umschlagen können.[215]

---

[208] Vgl. Stelzer, Mellis /Success Factors/ 16, Barry /Web Services and SOA/ 100 sowie C.4 mangelnde Akzeptanz (Kapitel 4.3.1).

[209] Vgl. Stelzer, Mellis /Success Factors/ 16.

[210] Vgl. zu diesem Absatz [2].235-237, [3].462-463, [4].135-136, [7].298-299.

[211] [4].135-136.

[212] Vgl. [2].233-237.

[213] Vgl. z. B. Baurschmid /IT-Governance/ 450 sowie McCarthy, Scannell /Web Services/ 37-42.

[214] Vgl. Woods, Mattern /Enterprise SOA/ 88.

[215] Vgl. Stelzer, Mellis /Success Factors/ 23.

C.3 abteilungsübergreifende Interessenkonflikte

In der Realität bestehen oftmals Interessenkonflikte zwischen einzelnen Fachabteilungen oder zwischen Fachabteilungen und der IT-Abteilung.[216] Verschiedene Fachabteilungen stellen konkrete funktionale Anforderungen an die IT-Abteilung, die sich dann als kontroverse, nicht in Einklang zu bringende Interessen erweisen können.[217] Dies führt zu SOA-schädigenden Strategien und Entwicklungsvorhaben in den Fachabteilungen. Denn die Fachabteilungen haben zunächst einmal wenig Interesse daran, in nicht-abteilungsnahe Projekte zu investieren, da jede Abteilung nur ein begrenztes Budget zur Verfügung stehen hat, welches in abteilungsinterne Projekte einfließen soll.[218] Daher liegt es einer konkreten Abteilung fern, sich an einem unternehmensweiten Projekt zu beteiligen, in dem auf den ersten Blick der eigene Nutzen nicht ersichtlich ist und sogar anfängliche Overheadkosten wegen erhöhter Koordination und Kommunikation zur Unterstützung der Wiederverwendbarkeit der Services entstehen.[219] Dieser Mangel an Transparenz des Nutzens für eine konkrete Fachabteilung und die divergierenden Interessen zwischen den Fachabteilungen ist kritisch für die erfolgreiche Einführung einer SOA.

C.4 mangelnde Akzeptanz

Organisatorische oder strukturelle Änderungen können zu Akzeptanzproblemen führen.[220] Mangelnde Akzeptanz drückt sich durch aktiven oder passiven Widerstand aus.[221] „Von Widerstand kann immer dann gesprochen werden, wenn vorgesehene Entscheidungen oder getroffene Maßnahmen, die auch bei sorgfältiger Prüfung als sinnvoll, ‚logisch' oder sogar dringend notwendig erscheinen, aus zunächst nicht ersichtlichen Gründen bei einzelnen Individuen, bei einzelnen Gruppen oder bei der ganzen Belegschaft auf diffuse Ablehnung stoßen, nicht unmittelbar nachvollziehbare Bedenken erzeugen oder durch passives Verhalten unterlaufen werden."[222] Barry postuliert, dass

---

[216] Vgl. zu diesem Absatz [2].144-146, [8].342-347,348-352.

[217] Vgl. Krafzig, Banke, Slama /Enterprise SOA/ 258.

[218] Vgl. [2].144-146.

[219] Vgl. Krafzig, Banke, Slama /Enterprise SOA/ 264.

[220] Vgl. Zarnekow, Hochstein, Brenner /IT-Management/ 199.

[221] Vgl. Doppler, Lauterburg /Change-Management/ 326.

[222] Doppler, Lauterberg /Change-Management/ 323.

Widerstand eine verbreitete menschliche Reaktion auf Veränderungen und vermutlich sogar die größte Hürde sei, die überwunden werden muss, um eine SOA einzuführen.[223] Werden die betroffenen Mitarbeiter nicht frühzeitig über die Änderungen, welche die Einführung einer SOA mit sich bringt, informiert und nicht in den Change-Management-Prozess eingebunden, können sie eine ablehnende Position einnehmen, die den erfolgreichen Abschluss des Projekts gefährdet.[224]

Doppler und Lauterburg unterscheiden grundlegend drei potenzielle Ursachen für Widerstand:[225]

(1) Betroffene haben Ziele, Hintergründe oder Motive einer Maßnahme nicht verstanden.

(2) Betroffene haben zwar verstanden, worum es geht, glauben aber nicht daran.

(3) Betroffene haben verstanden und glauben auch daran, aber wollen oder können nicht partizipieren, weil sie sich von den vorgesehenen Maßnahmen keine positiven Konsequenzen versprechen.

Der letzte Punkt ist äußerst kritisch, denn hier kann nicht durch weitere, aufklärende Maßnahmen die negative Erwartungshaltung beseitigt werden.[226] Logische und sachliche Argumente spielen hier kaum eine bedeutende Rolle, vielmehr sind die Widerstände in hohem Maße mit Emotionen verbunden, die sich durch Befürchtungen, Bedenken und Ängste äußern. Diese Ängste oder Befürchtungen können sein: Verlust des Arbeitsplatzes, der Rolle, des Einflusses, der Kontrolle oder des Status innerhalb des Unternehmens.[227]

Barry verfeinert in diesem Zusammenhang die Formen und Ursachen des Widerstandes:[228]

(1) Mangel an Verständnis für die geplanten oder bereits durchgeführten Maßnahmen: Mitarbeiter sind mit ihren Aufgaben sehr vertraut, wollen ihren Aufgabenbereich und die damit verbundene Rolle im Unternehmen behalten und sehen nicht die Notwendigkeit für eine Veränderung. Zudem stehen die Mitarbeiter vor der Herausfor-

---

[223] Vgl. Barry /Web Services and SOA/ 100.

[224] Vgl. [4].334-339, [5].308-309.

[225] Vgl. zu diesem Absatz Doppler, Lauterburg /Change-Management/ 324.

[226] Vgl. zu diesem und dem folgenden Satz Doppler, Lauterburg /Change-Management/ 324.

[227] Vgl. Krafzig, Banke, Slama /Enterprise SOA/ 275.

[228] Vgl. Barry /Web Services and SOA/ 102-105.

derung, neue Methoden oder Technologien erlernen zu müssen, welches nicht in ihrem Interesse liegt.

(2) Macht der ‚internen' Experten:

‚Interne' Experten verfügen über umfassende Kenntnisse des bestehenden Systems, möglicherweise sogar der Vorgängersysteme. Dieses Wissen ist für anstehende Veränderungen von zentraler Bedeutung. Sind die Experten jedoch nicht gewillt, den Veränderungsprozess zu unterstützen, können von diesen sogar zusätzliche Hürden geschaffen werden, weil sie den Verlust ihrer Rolle und des Status als Experten innerhalb des Unternehmens befürchten. Sie könnten sogar ihre Stellung als Experte ausnutzen, um auch bei anderen Mitarbeitern Skepsis gegenüber einem neuen System oder Veränderungen zu verbreiten.

(3) Allgemeine Trägheit – Veränderungen werden nicht als notwendig erachtet:

Häufig werden die bestehenden Prozesse und Systeme als gut funktionierend betrachtet. Mitarbeiter sehen keine Notwendigkeit für Veränderungen. Die Vorteile und die neuen Möglichkeiten, die durch den Veränderungsprozess initiiert werden, sind für die Mitarbeiter nicht transparent. Dies ist zum einen auf die mangelnde Kommunikation der potenziellen Vorteile und zum andere auf die Uneinsichtigkeit der Betroffenen zurückzuführen, weil sie die jetzige Situation bevorzugen.

(4) Drohender Verlust des Arbeitsplatzes:

Aufgrund der ständig voranschreitenden Weiterentwicklungen der Technologien, stellt es für viele Mitarbeiter eine Herausforderung dar, auf dem aktuellen Stand zu bleiben. Viele befürchten, dass mit dem Einzug einer neuen Technologie ihre Arbeitskraft obsolet werden würde. Andere befürchten den Verlust des Arbeitsplatzes aufgrund der Tatsache, dass sie sich nicht mehr in der Lage sehen, diese neuen Technologien zu beherrschen und ihre technischen Fähigkeiten auszubauen.

(5) Frustration wegen Ablösung des bestehenden Systems und damit verbundener Abwertung der eigenen Leistung:

Viele Mitarbeiter sind stolz auf ihre Arbeit und ihre Einbringung in die Organisation. Einige waren unter Umständen an der Einführung des abzulösenden Systems beteiligt und haben dabei viel Engagement investiert. Im Zuge der Einführung des neuen Systems schwindet die Anerkennung der einstigen persönlichen Einbringung der involvierten Mitarbeiter und legt die Unzulänglichkeiten des bisherigen Systems offen. Dies führt zu Enttäuschung und dem Gefühl der Abwertung der eigenen Leistung und mündet in Ablehnung gegenüber dem Neuen.

(6) Empfindung, dass Probleme zu speziell sind:

Die Mitarbeiter glauben, dass ihre technischen Probleme und Herausforderungen zu komplex und speziell seien und nicht einfach durch ein neues System gelöst werden können. Dieses Argument wird häufig von Mitarbeitern vorgebracht, welche die Einführung neuer Systeme verhindern wollen, weil sie ihre vertrauten Systeme weiter verwenden oder selbst etwas Neues entwickeln möchten.

Akzeptanzprobleme sind prinzipiell nicht SOA-spezifisch, sondern können bei theoretisch allen Umstrukturierungsmaßnahmen eine zentrale Rolle einnehmen. Aufgrund der hohen strategischen Bedeutung wurden diese an dieser Stelle jedoch explizit diskutiert.

C.5 unzureichende Kommunikation (seitens des Managements)

Im Rahmen der anstehenden Veränderungen, welche die einzuführende Architektur mit sich bringt, ist unzureichende Kommunikation seitens des Managements kritisch.[229] Unzureichende Kommunikation führt dazu, dass Missverständnisse entstehen, Fehlinformationen verbreitet und negative Erwartungen bei den einzelnen Mitarbeitern assoziiert werden, die letztendlich zu ablehnendem Verhalten führen können.[230] Daher müssen Veränderungen seitens des Managements kommuniziert werden, damit diese Veränderungen von allen Beteiligten getragen werden können.[231] Die Entwickler müssen die neuen Anforderungen verstehen, die sich aus der Architektur ergeben. Das Management muss die Rahmenbedingungen im Bezug von Kosten und Zeit festlegen und rechtfertigen. Die Endbenutzer müssen letztendlich die mit den Veränderungen verbundenen strukturellen und organisatorischen Maßnahmen annehmen und ihre unter Umständen veränderte Rolle im Unternehmen akzeptieren.[232]

C.6 unzureichende Beschreibung der Verantwortlichkeiten und Rollenverteilung

Die Bereitstellung eines Services und die Interaktion zwischen Serviceanbieter und Servicenehmer stellt bei nicht geklärter Zuständigkeit und Verantwortlichkeit eine wei-

---

[229] Vgl. zu diesem Absatz Woods, Mattern /Enterprise SOA/ 80.

[230] Vgl. Stelzer, Mellis /Success Factors/ 22 sowie C.4 mangelnde Akzeptanz (Kapitel 4.3.1).

[231] Vgl. [5].312-313 sowie Durst, Daum /Erfolgsfaktoren SOA/ 21-22.

[232] Siehe C.1 unzureichendes Commitment (Kapitel 4.3.1).

tere Problemsituation dar.[233] Insbesondere ist dann eine fehlende Zuordnung von Zuständigkeiten kritisch, wenn verschiedene Entwicklerteams an der Entwicklung eines Services beteiligt sind.[234] Werden im Rahmen der Einführung der SOA weitere Services aus einer bestehenden Applikation extrahiert, ist zu klären, wer für diese Services zuständig ist? Der Serviceanbieter, der den Service neu generiert hat, oder das Entwicklerteam, welches ursprünglich die Applikation entwickelt hat.

Dabei sind folgende Szenarien vorstellbar:

- Services werden von unterschiedlichen Instanzen bereitgestellt bzw. genutzt: Wer trägt die Verantwortung, wenn der Service ausfällt?

- Service wird in einer neuen Version zur Verfügung gestellt: Wer ist verantwortlich für die Versionisierung und wer informiert die Instanzen, die diesen Service in einer älteren Version genutzt haben? Bildet die neue Serviceversion noch die geforderte Funktionalität der bereits bestehenden Servicenehmer ab? Wer hat die Kontrolle? Wer dokumentiert die Änderungen?[235]

- Redundante Services sollen aufgrund einer effizienteren Ressourcennutzung und Wiederverwendbarkeit zukünftig vermieden werden und nur von einer Instanz zur Verfügung gestellt und gepflegt werden: Wer entscheidet, welche Instanzen den Service weiterpflegt und für ihn verantwortlich ist? Wie kann sichergestellt werden, wenn redundante Services abgelöst werden, dass die Funktionalität der redundanten Services auch tatsächlich äquivalent und somit die innere Geschäftlogik deckungsgleich war?

- Wer ist zuständig für die Einhaltung von SLAs?

Neben der unzureichenden Beschreibung der Verantwortlichkeiten können die organisatorischen Umstrukturierungsmaßnahmen eine Umverteilung der Rollen im Unternehmen erfordern, so dass entweder bestimmte Rollen neu definiert werden, neue Rollen hinzukommen und wiederum andere Rollen wegfallen.[236]

---

[233] Vgl. zu diesem Absatz [2].233-235, [6].693-694, [7].107-108,111-118,247-248,257-258,259,279-281,283, [8].297-298,338 sowie Stelzer, Mellis /Success Factors/ 19.

[234] Vgl. Krafzig, Banke, Slama /Enterprise SOA/ 254.

[235] Siehe SD.7 unterschiedliche Versionen eines Services (Kapitel 4.3.5).

[236] Vgl. Durst, Daum /Erfolgsfaktoren/ 21-22.

C.7 ungeeignete Vorgehensmodelle

Mit SOA werden architektonische Gestaltungsvorgaben formuliert, die sich in noch stärkerem Ausmaß im Vergleich zu anderen Architekturkonzepten an den Geschäftsprozessen orientieren sollen.[237] Aufgrund der mangelnden Erfahrung mit SOA hat sich jedoch noch keine allgemeingültige Vorgehensweise etabliert, die diesem Anspruch gerecht wird.[238] Es fehlt ein Vorgehensmodell, bei dem der Prozessgedanke im Vordergrund steht, um Services zu konzipieren, die den grundlegenden Paradigmen einer SOA – allen voran Wiederverwendbarkeit, Flexibilität und lose Kopplung – entsprechen.

Bei unternehmensweiten Projekten, wie es SOA-Projekte in der Regel darstellen, besteht zudem die Gefahr, dass eine solide Investitionsrechnung kaum möglich ist und relativ lange Projektlaufzeiten zu erwarten sind, die eine kurzfristige Verifizierung von Projekt- oder Teilprojektzielen kaum ermöglicht.[239]

Darüber hinaus fordern SOA-Projekte auch ein Umdenken im Projektmanagement; denn SOA-Projekte sind abteilungsübergreifende Projekte mit hohem Kommunikations- und Koordinationsaufwand.[240]

C.8 mangelnde Analyse

Grundlegend sind hier zwei Aspekte der mangelnden Analyse zu unterscheiden:

(1) Zum einen die mangelnde Analyse der vorhandenen Applikationen, aus denen zukünftig Services extrahiert werden sollen.[241] Es besteht die Gefahr, dass der Aufwand zur Extrahierung der Services unterschätzt wird oder sich dieses Vorhaben zu einem späteren Zeitpunkt als unüberwindbar herausstellt.

(2) Zum anderen die unzureichende Analyse der bestehenden Prozesse, die in der einzuführenden SOA abzubilden sind.[242] Fehlt ein umfassendes Verständnis der Geschäftsprozesse, ist der erfolgreiche Abschluss einer SOA-Einführung kritisch.

---

[237] Vgl. Oey u. a. /SOA/ 212 sowie Gallas /Service Life Cycle/ 242.

[238] Vgl. zu diesem und dem folgenden Satz [1].56, [2].254-256,260-262, [3].517-520,523-524,526-531,551-552, [5].290-291,304-305, [8].415.

[239] Siehe Kapitel 4.3.4: Mangelnde Transparenz der Wirtschaftlichkeit.

[240] Siehe P.5 mangelnde Kommunikation und Abstimmung (Kapitel 4.3.3).

[241] Vgl. zu diesem Absatz [2].212-214.

[242] Siehe G.3 unzureichende Identifikation und Definition der Unternehmensprozesse (Kapitel 4.3.2).

Die mangelnde Analyse steht in enger Beziehung zur Problemsituation der ungeeigneten Vorgehensmodelle. Hier besteht die Herausforderung darin, ein adäquates Vorgehensmodell mit umfassender Analyse der bestehenden Applikationslandschaft und der abzubildenden Geschäftsprozesse zu etablieren.

4.3.2 Mangelnder Fokus auf globale Zusammenhänge

Für die Umsetzung einer SOA ist die ganzheitliche Betrachtung der globalen Zusammenhänge entscheidend.[243] Die Problemsituation besteht darin, dass SOA nicht integrativ und unternehmensweit eingeführt wird, sondern lokal verschiedene Projekte – mitunter zwar auch mit SOA-Bezug – initiiert werden, ohne jedoch eine ganzheitliche Betrachtung zu haben.[244] Im Falle, dass sich ein Unternehmen für die Einführung einer SOA entschieden hat, ist SOA entlang der ganzen Prozesskette einzuführen und nicht nur in Teilen.[245] Denn die in einem Prozess einzubindenden Services erstrecken sich in der Regel über verschiedene Applikationen, die von unterschiedlichen Fachabteilungen betrieben und genutzt werden. Entlang der Wertschöpfungskette müssen alle betroffenen Fachabteilungen folglich eine übereinstimmende und unternehmensweite Zielsetzung formulieren und sich aktiv an der Einführung der SOA beteiligen. Sind Fachabteilungen nicht gewillt, am Gesamten zu partizipieren, sondern vertreten nur lokale Interessen und möchten ihre Entwicklungen autark betreiben, droht der Verlust des Fokus auf die globale Zielausrichtung.[246] Die folgenden Problemsituationen (G.1 bis G.4) wurden in diesem Zusammenhang identifiziert.

G.1 mangelnde Geschäftsprozessorientierung

Als ein zentrales Paradigma der SOA gefordert, zeigt sich in der Praxis jedoch häufig eine unzureichende Ausrichtung der Konzeption einer SOA an den Geschäftsprozessen.[247] Grund hierfür ist mangelnde Kenntnis oder unzureichendes Verständnis der bestehenden Geschäftsprozesse im Unternehmen. Unternehmen weisen historisch gewachsene Strukturen auf; in der Vergangenheit kam es zu Unternehmenszusammenschlüssen

---

[243] Vgl. zu diesem Absatz [1].48-50, [2].146, [5].269-270,292, [7].188-190, [8].172-173,177-178.

[244] Vgl. Marks, Bell /SOA/ 30.

[245] Vgl. [8].172-173,177-178.

[246] Siehe C.3 abteilungsübergreifende Interessenkonflikte (Kapitel 4.3.1).

[247] Vgl. zu diesem Absatz [5].386-387, [6].177-178,182,293-294.

und Konsolidierungen von Unternehmensteilen, daher gibt es häufig keine zentrale Stelle, die für die Dokumentation der Geschäftsprozesse verantwortlich ist. Ein weiterer Grund der mangelnden Geschäftsprozessorientierung ist das mangelnde Verständnis der Businessanforderungen bei den Entwicklern.[248]

G.2 mangelndes Business-IT-Alignment

Im direkten Zusammenhang mit der Geschäftsprozessorientierung ist ein weiteres Ziel, einen hohen Grad an Business-IT-Alignment zu erreichen.[249] Business-IT-Alignment stellt die Ausrichtung der IT an den Geschäftszielen des Unternehmens dar.[250] IT darf in diesem Zusammenhang nicht zum Selbstzweck eingesetzt werden, sondern muss sich nach den Zielvorgaben und der Strategie des Unternehmens richten.[251] Business-IT-Alignment ist demnach als essenzielle Voraussetzung zum Generieren eines optimalen Beitrags der IT zum Geschäftserfolg des Unternehmens zu verstehen.

G.3 unzureichende Identifikation und Definition der Geschäftsprozesse

Unternehmen kennen ihre Prozesse nur „im Groben und Ganzen"[252]. Veränderungen der Prozesse werden nicht protokolliert, so dass der aktuelle Stand der Geschäftsprozesse nicht dokumentiert ist.[253] Die Identifikation der Prozesse stellt somit für das Unternehmen eine Herausforderung dar, mit der Folge, dass es schwierig ist, Prozesse, die in der SOA umgesetzt werden sollen, zu bestimmen und zu definieren.[254] Zudem ist es schwierig, eine geeignete Priorisierung der Prozesse durchzuführen, die in der einzuführenden SOA abzubilden sind.[255]

---

[248] Vgl. [7].180-185 sowie Oey u. a. /SOA/ 212.

[249] Vgl. Newcomer, Lomow /SOA with Web Services/ 54.

[250] Vgl. Teubner /Business-IT-Alignment/ 368-369.

[251] Vgl. [5].383.

[252] [2].123-124.

[253] Vgl. [2].132-136.

[254] Vgl. [2].122-127,132-133,134-136, [6].89,93-94,98-99,125-126,160-161,466-467, [7].279-281.

[255] Vgl. [1].256.

G.4 zu technische Betrachtung und Herangehensweise

SOA ist ein fachlich getriebener Ansatz, d. h. die Verantwortung und die treibende Kraft liegen auf der fachlichen Seite.[256] Die erforderlichen Technologien nehmen dabei eine unterstützende Rolle ein.[257] Jedoch wird in der Praxis die Umsetzung einer SOA zu technisch angegangen und als Entwicklungsprojekt einer technischen Plattform angesehen, ohne einen fachlichen, ganzheitlichen Fokus zu haben.[258] Ein zu stark ausgeprägter Fokus auf technologische Aspekte kann ein Defizit zwischen IT und fachlichen Anforderungen verursachen, und somit die Ursache für mangelndes Business-IT-Alignment sein.[259]

4.3.3 Personelle Herausforderungen

Die strukturellen und architektonischen Veränderungen im Rahmen der Einführung einer SOA erfordern SOA-konformes Verhalten und eine serviceorientierte Denkweise bei allen Beteiligten.[260] Der Übergang von der anwendungszentrierten Entwicklung und Nutzung zum abteilungsübergreifenden Prozessgedanke mit einer entsprechenden Serviceorientierung entlang der Prozesskette stellt eine nicht unwesentliche Herausforderung dar.[261] In diesem Zusammenhang wurden die folgenden Problemsituationen (P.1 bis P.7) aus den Experteninterviews extrahiert.

P.1 mangelnder Erfahrungs- und Kenntnisstand

Das Themengebiet der SOA ist eine noch relativ junge Disziplin, jedoch mit zunehmender Verbreitung.[262] Weder Entwickler noch Mitarbeiter in den Fachabeilungen haben daher fundierte Kenntnisse und Erfahrungen vorzuweisen, eine SOA einzuführen, zu

---

[256] Vgl. [2].5-6, [3].10-15, [4]-5-6, [5].4-5, [7].4-5,8,13-18 sowie Krafzig, Banke, Slama /Enterprise SOA/ 274.

[257] Vgl. [3].14-15, [7].5-6,8-10.

[258] Vgl. [5].5-7,286-290, [7].5-6,8-10,261 sowie Krafzig, Banke, Slama /Enterprise SOA/ 272.

[259] Vgl. Krafzig, Banke, Slama /Enterprise SOA/ 272.

[260] Krafzig, Banke, Slama /Entprise SOA/ 251-255 geben einen Überblick über die Herausforderungen der einzelnen Rollen in einem Unternehmen im Kontext der SOA.

[261] Vgl. [6].327-330,380-382,470-471,502-504.

[262] Vgl. Cearley, Fenn, Plummer /Five hottest IT Topics/ 3-4.

betreiben, zu nutzen und zu managen.[263] Die Grundsätze des Designs und der Architektur des neuen Ansatzes sind bei den Entwicklern noch nicht etabliert. Entwickler haben bisher anwendungsorientiert entwickelt, SOA fordert jedoch die Fähigkeiten des Abstrahierens und das Denken in Prozessen, um diese modellieren zu können. Der Blickwinkel der Entwickler ist zu technisch, so dass technologische Aspekte im Vordergrund stehen. Es fehlt ihnen die fachliche Orientierung und das Verständnis der fachlichen Anforderungen. Ihr Fokus liegt daher weniger auf der Serviceorientierung zur Unterstützung der Geschäftstätigkeit. Der Wandel des Verständnisses von der Anwendungsorientierung hin zur Serviceorientierung ist ein kritischer Erfolgsfaktor.

Auf Managementebene besteht die Herausforderung, eine abteilungsübergreifende Architektur mit einer starken Geschäftsprozessorientierung zu etablieren, die ein hohes Maß an Koordination und Kommunikation voraussetzt, in der es gilt divergierende Interessen aufzulösen, Commitment bei allen Beteiligten zu erlangen und damit einen umfassenden Change-Management-Prozess zu initiieren.[264]

Für die Mitarbeiter in den Fachabteilungen gilt ebenfalls, dass ein Wandel des Verständnisses in Richtung Serviceorientierung aufgebaut werden muss.[265] Die Mitarbeiter haben sich bisher nicht als Glied entlang einer Prozesskette verstanden, sondern waren gewohnt ihre gekapselten Anwendungssysteme zu bedienen, ohne den Fokus auf globale Zusammenhänge zu haben.[266] Ist dieses Verständnis für den Umgang mit SOA weder bei den Entwicklern noch beim Management oder den Endbenutzern vorhanden, stellt dies eine kritische Ausgangssituation dar.

P.2 mangelndes Abstraktionsvermögen

Eng verbunden mit der mangelnden Erfahrung stellt mangelndes Abstraktionsvermögen eine weitere Problemsituation bei der Einführung einer SOA dar.[267] Essenziell für die Einführung und das Betreiben einer SOA ist die Fähigkeit der Entwickler, in abtei-

---

[263] Vgl. zu diesem Absatz [1].154-156,168-171, [2].190-191, [3].316-317,326,328-330,346-347,364-366,374-377,378-379,383-385,392-393, [5].308,341-343,349-352,369-370, [6].154-155,171-172,175-176,179-181,288,289-290,299,327-330,467-468,470-471,502-504,534-535,541-544,550-551,589,598-599,678-679,680-681, [7].180-185,261-263,272-273,283-284,287-289, [8].229-230.

[264] Siehe Kapitel 4.3.1 Unzureichendes Change-Management.

[265] Vgl. Oey u. a. /SOA/ 202.

[266] Siehe Kapitel 4.3.2 Mangelnder Fokus auf globale Zusammenhänge.

[267] Vgl. zu diesem Absatz [5].207-208,266-268, [6].121-122,359-363,380-382,491-492.

lungsübergreifenden Prozessen zu denken.[268] Im Gegensatz zu der klassischen Anwendungsentwicklung wird hier in stärkerem Maße Abstraktionsvermögen vorausgesetzt. Entwickler verstehen sich nicht als Prozessmodellierer, sondern, wie bisher, als Ersteller von Software im Sinne von festcodierten Anwendungen, die nur einen begrenzten Ausschnitt der unternehmensweiten Systemlandschaft darstellen.[269] Die Entwicklung von Services ist jedoch auf einem wesentlich höheren Abstraktionsniveau zu vollziehen, als es bei der Realisierung von konkreten Anwendungen der Fall ist. Die Unterstützung der Wiederverwendbarkeit[270] und der Austauschbarkeit[271] der Services fordert die Definition und Konzeption von abstrakten Services.

P.3 unzureichende Technologiebeherrschung

Neue Technologieparadigmen führen mit sich, dass in den Unternehmen ein Defizit an erforderlicher Expertise zur Beherrschung dieser neuen Technologie vorliegt.[272] Im Kontext der SOA ist dies nicht anders. Neue Technologien, die im engen Zusammenhang mit SOA stehen, werden von den IT-Abteilungen noch nicht umfassend beherrscht.

P.4 hohe Änderungsfrequenz neuer Technologien

Technologien, die noch keinen hohen Standardisierungsgrad erreicht haben, sind dadurch gekennzeichnet, dass diese in relativ kurzen Zeitabständen neue Releases auf den Markt bringen.[273] Dies gilt auch für die Technologien im Umfeld der SOA. Bei hohen Änderungsfrequenzen ist es für ein Unternehmen jedoch schwierig, auf dem neuesten Stand zu bleiben. Das Unternehmen fühlt jedoch sich gezwungen, sich an den neuen Generationszyklen zu beteiligen, um die funktionalen „Gaps"[274] zu schließen.

---

[268] Vgl. [6].179-181,303-304,470-471,502-504.

[269] Vgl. Marks, Bell /SOA/ 245.

[270] Siehe SD.3 mangelnde Unterstützung der Wiederverwendbarkeit der Services (Kapitel 4.3.5).

[271] Siehe SD.4 mangelnde Unterstützung der Austauschbarkeit der Services (Kapitel 4.3.5).

[272] Vgl. zu diesem Absatz [3].321-323,437-438.

[273] Vgl. zu diesem Absatz [5].157,164-166.

[274] Siehe L.2 funktionale „Gaps" (Kapitel 4.3.6).

P.5 mangelnde Kommunikation und Abstimmung

Da SOA eine abteilungsübergreifende Architektur darstellt und die Inanspruchnahme und Bereitstellung von Services an unterschiedlichen Stellen erfolgen kann, besteht ein hoher Kommunikations- und Koordinationsbedarf.[275] Services müssen über vereinbarte, wohldefinierte Schnittstellen verfügen, dazu müssen sowohl die Entwickler der Services als auch ihre potenziellen Nutzer involviert sein.[276] Wenn einzelne Entwicklerteams sich nicht einbringen und autark ihre Services entwickeln und betreiben, besteht die Gefahr, dass redundante Services generiert werden.[277]

P.6 bestehende Abhängigkeiten

Es bestehen zum Teil enge Abhängigkeiten zwischen Entwicklern und den von ihnen erstellten Services.[278] Dies bedeutet, dass die Leistungserbringung eines einzelnen Entwicklers einen hohen Einfluss auf die Arbeit anderer Entwickler hat, da entlang der Prozesskette Services von verschiedenen Entwicklern bereitgestellt werden, die in ihrem Zusammenwirken als Ganzes den Geschäftsprozess abbilden.[279] Diese Abhängigkeit zwischen Entwicklern oder Entwicklerteams erhöht die Komplexität der Systeme und erfordert wiederum erhöhten Koordinations- und Abstimmungsbedarf[280] bei den Beteiligten.

P.7 keine einheitliche Terminologie

In der Literatur werden unterschiedliche SOA-Definitionen[281] diskutiert, die je nach Fokus des Autors unterschiedliche Aspekte und technologische Gestaltungsvarianten hervorheben.[282] Hinzu kommt die erschwerte Kommunikation zwischen Fachabteilun-

---

[275] Vgl. zu diesem Absatz [1].52-53,58-60,165-166,182-184, [2].151-161,199, [4].69-71,71-73,78-79,83-85, [5].312-313, [7].224-227 sowie Stelzer, Mellis /Success Factors/ 22.

[276] Vgl. zu diesem Absatz Newcomer, Lomow /SOA with Services/ 77-78.

[277] Siehe SD.3 mangelnde Unterstützung der Wiederverwendbarkeit der Services (Kapitel 4.3.5).

[278] Vgl. zu diesem Absatz [1].50-51,64-65,71-73,185-187, [5].310-311.

[279] Vgl. [1].185-186.

[280] Siehe P.5 mangelnde Kommunikation und Abstimmung (Kapitel 4.3.3).

[281] Siehe Kapitel 2.2 Begriffsdefinition.

[282] Vgl. zu diesem Absatz [2].251-253, [5].391-392,403-406, [6].152-153,506-515.

gen und der IT-Abteilung aufgrund der Verwendung unterschiedlichen Vokabulars.[283] Die SOA fordert einen hohen Grad an Business-IT-Alignment, was voraussetzt, dass Entwickler in der Lage sind, fachliche Anforderungen zu verstehen und in fachlichen Prozessen auf dem gleichen Abstraktionsniveau wie die Mitarbeiter aus den Fachabteilungen zu denken und zu kommunizieren.

4.3.4 Mangelnde Transparenz der Wirtschaftlichkeit

Bei IT-Infrastrukturprojekten besteht die Schwierigkeit darin, einen überprüfbaren und fundierten Return on Investment[284] (ROI) zu bestimmen, der für alle Beteiligten vom Management bis zum Endbenutzer plausibel erscheint.[285] Zudem ist die Angabe des ROI nicht ausreichend, wenn nicht auch über den Amortisierungszeitraum diskutiert wird.[286] Denn die Information, bspw. einen ROI von 300 % erzielen zu können, ist nicht aussagekräftig, ohne zu wissen innerhalb welchen Zeitraumes dieser ROI generiert werden kann. Abteilungsübergreifende Interessenkonflikte und divergierende Sichtweisen zwischen Entwicklern und den operativen Einheiten verursachen Overheadkosten, die sich aber nur schwierig bestimmen lassen. Zudem kann bei strukturellen Maßnahmen nur schwierig bemessen werden, wie hoch die Einsparung gewesen wäre, wenn eine bestimmte Investition nicht getätigt worden wäre.[287] Häufig können auch Infrastrukturprojekte ihre Erwartungen und Vorgaben nicht erfüllen, wodurch sich die Quantifizierung des ROI weiterhin erschwert.

Gerade bei SOA-Projekten liegt der Wirtschaftlichkeitsvorteil nicht gleich auf der Hand. Zudem stellt die Bestimmung des ROI für SOA für viele Unternehmen eine große Herausforderung dar.[288] Der Grund hierfür liegt zum einen in den zum Teil weitreichenden und unternehmensweiten Umstrukturierungsmaßnahmen und der abteilungs-

---

[283] Vgl. zu diesem und dem folgenden Satz Oey u. a. /SOA/ 201-203.

[284] Return on Investment (ROI) für softwarearchitektonische Projekte ist definiert als Quotient aus Gesamterfolg B_i *(Total Benefit)* zu Investitionskosten für die Implementierung C_i *(Costs)*. Vgl. Bass, Clements, Kazman /Software Architecture/ 313.

$$R_i = \frac{B_i}{C_i}$$

[285] Vgl. Krafzig, Banke, Slama /Enterprise SOA/ 259.

[286] Vgl. zu diesem und dem folgenden Satz Marks, Bell /SOA/ 322.

[287] Vgl. zu diesem und dem folgenden Satz Krafzig, Banke, Slama /Enterprise SOA/ 259.

[288] Vgl. Marks, Bell /SOA/ 322.

übergreifenden Koordination und zum anderen in der mangelnden Erfahrung aller Beteiligten eine SOA einzuführen.[289]

Die Umsetzung einer SOA liefert keinen kurzfristigen ROI, sondern erfordert strategisches Investment.[290] Strategisches Investment beinhaltet Investitionen in Governance und den kulturellen Wandel die IT näher an das Business zu führen.[291] Dabei spielen Flexibilität und Nachhaltigkeit der Softwarearchitektur eine zentrale Rolle, deren Nutzen nicht quantifizierbar ist.

Möglicherweise wird sich der wirtschaftliche Nutzen erst nach einigen Jahren einstellen. Gerade bei mittelständischen Unternehmen, die weniger Budget zur Umsetzung einer grundlegend neuen Softwarearchitektur bereitstellen können, ist das Management daran interessiert, relativ zeitnah Ergebnisse zu sehen und bevorzugen daher kurzfristige Einsparungen als langfristige Investitionen.[292] Auf der einen Seite werden zwar Kosten gespart, da Altanwendungen ablöst werden, teure Lizenzgebühren wegfallen und zudem Wartung- und Weiterentwicklungskosten reduziert werden. Auf der anderen Seite stehen jedoch Overheadkosten aufgrund eines unternehmensweiten Change-Managements. Inwieweit der ROI-Ansatz überhaupt geeignet ist, SOA-Projekte zu bewerten, bleibt offen und stellt zumindest eine große Herausforderung dar.[293] Denn im Zentrum der SOA stehen Begriffe wie Business-IT-Alignment, Nachhaltigkeit, Flexibilität, Wiederverwendbarkeit und strategische Überlegungen, die sich nur schwierig mit einem ROI-Ansatz abbilden und monetär bewerten lassen.

Dies bedeutet, der wirtschaftliche Nutzen einer SOA ist häufig nur sehr schwierig zu bestimmen, obwohl die strategische Bedeutung einer flexibleren Systemarchitektur nicht von der Hand zu weisen ist.

4.3.5 Ungeeignetes Service-Design

Die grundlegende architektonische Einheit einer SOA ist ein Service.[294] Daher ist bei die Einführung einer SOA eine neue Betrachtungsweise und ein adaptiver Ansatz erfor-

---

[289] Vgl. zu diesem Absatz [8].320-333,494-502.

[290] Vgl. zu diesem und folgenden Satz Woods, Mattern /Enterprise SOA/ 88.

[291] Vgl. Woods, Mattern /Enterprise SOA/ 88.

[292] Vgl. Krafzig, Banke, Slama /Enterprise SOA/ 259.

[293] Vgl. zu diesem und dem folgenden Satz Marks, Bell / SOA/ 322.

[294] Vgl. zu diesem Absatz Marks, Bell /SOA/ 30.

derlich, Services zu identifizieren, zu modellieren und wiederverwendbar und austauschbar zu implementieren. Die Services und das damit verbundene Design der Services sind somit entscheidend für die erfolgreiche Einführung einer SOA. Jedoch ist der Prozess der Serviceidentifikation mit daran anschließender Analyse und Design zur Implementierung einer SOA gegenwärtig wenig verstanden.[295] Unklare oder unvollständige Servicedefinitionen können dazu führen, dass die fachlichen Anforderungen nicht erfüllt werden. Dabei stehen folgende Fragen im Vordergrund.[296]

- Wie können geeignete Servicekandidaten für die umzusetzende SOA identifiziert werden?
- Mit welchem Service sollte begonnen werden? Wie sind Prioritäten festzulegen?
- Wie müssen Services modelliert und implementiert werden?
- Was sind geeignete Kriterien für die Festlegung der Wiederverwendbarkeit und der Granularität?

Marks und Bell sprechen in diesem Zusammenhang von den „drei Gesetzen (engl. rights) einer SOA: Identifiziere die ‚richtigen' Services; konstruiere diese Services mit der ‚richtigen' Methode und lasse diese auf der ‚richtigen', unterstützenden Technologie laufen."[297] Die Auswertung und Analyse der Interviews ergab, dass ein angemessenes Service-Design eine große Herausforderung darstellt und in der Praxis von den Idealen von Marks und Bell weit entfernt ist. Grundlegend werden folgende Problemsituationen bemängelt (SD.1 bis SD.7).

SD.1 unzureichende Trennung zwischen fachlicher Konzeption und technischer Implementierung

Entscheidend für eine erfolgreiche SOA-Einführung sind die fachliche Konzeption und die technische Implementierung der Services, denn Services stellen die zentralen Komponenten einer SOA dar.[298] Bei der Definition eines Services ist es von elementarer Bedeutung, zwischen der fachlichen Konzeption eines Services und seiner konkreten

---

[295] Vgl. zu diesem und dem folgenden Satz [5].256-258,389-391,396-397.

[296] Vgl. zu diesem Absatz Marks, Bell /SOA/ 99.

[297] Marks, Bell /SOA/ 31.

[298] Vgl. zu diesem Absatz Interview [5].171-173,211-213,256-258,383-386,389-391,396-397, [7].197-201,230-233.

technischen Implementierung zu unterscheiden.[299] In der Praxis werden jedoch Service-definitionen nicht technologieunabhängig formuliert, sondern es fließen schon während der Konzeption technologische Spezifikationen ein. Fachliche Services haben jedoch im Allgemeinen einen längeren Lebenszyklus als die jeweilige Technologie auf der diese implementiert werden.[300] Daher sollte die physische oder technische Umgebung, auf der die fachliche Funktionalität laufen soll, bei der Konzeption des fachlichen Services keine Berücksichtigung finden.

SD.2 ungeeignete Wahl der Granularität der Services

Die Wahl des geeigneten Grades der Granularität eines Services stellt eine große Herausforderung dar.[301] Prinzipiell sind beide Extrema des Kontinuums vorstellbar, d. h. dass die Services entweder zu fein- oder zu grobgranular definiert werden.

Feingranulare Services stellen nur einen engen fachlichen Funktionsumfang zur Verfügung und repräsentieren somit nur einen kleinen Ausschnitt eines Problembereichs.[302] In diesem Fall ist es erforderlich, viele dieser feingranularen Service zu orchestrieren, um die geforderte Geschäftslogik abzubilden. Vorteil ist jedoch, dass die feingranularen Services relativ flexibel eingesetzt werden können.

Sind die Services grobgranular, bedeutet dies, dass Spezialservices mit hoher Komplexität konzipiert werden, die eine umfassende Geschäftslogik mit umfangreicher Funktionalität abbilden, aber weniger abstrahierbar sind.[303] Die Wiederverwendung solcher Services ist eingeschränkt und somit sind diese Spezialservices relativ unflexibel.[304] In der Praxis fehlt die Erfahrung, geeignete Kriterien heranzuziehen, die den Grad der Granularität festlegen.

---

[299] Vgl. Marks, Bell /SOA/ 121, 123, 127-129.

[300] Vgl. zu diesem und dem folgenden Satz Marks, Bell /SOA/ 101-103.

[301] Vgl. zu diesem Absatz [7].208-214,215-218.

[302] Vgl. [7].208-214.

[303] Vgl. Marks, Bell /SOA/ 110.

[304] Vgl. Marks, Bell /SOA/ 124-125 sowie Umek, Tannhäuser /Architekturmanagement/ 67.

SD.3 mangelnde Unterstützung der Wiederverwendbarkeit der Services

Eines der grundlegenden Paradigmen und Forderungen an eine SOA ist die Wiederverwendbarkeit einzelner Services.[305] Der Vorteil liegt auf der Hand: durch die Wiederverwendung von bereits vorhandenen Services werden nicht nur Entwicklungsaufwand und die damit verbundenen Kosten gespart, sondern auch Aufwand für Wartung und Pflege reduziert sowie die Gefahr von Inkonsistenzen gemindert, die aufgrund von redundanten Services entstehen können.[306]

Als Folge unzureichender Kommunikation und Abstimmung[307] zwischen einzelnen Fachabteilungen kann aber nicht ausgeschlossen werden, dass Services mit gleicher oder zumindest ähnlicher Funktionalität redundant entwickelt werden.[308] Zudem kann es aufgrund des mangelnden Abstraktionsvermögens der Entwickler,[309] der mangelnden fachlichen Konzeption der Services auf einem höheren Abstraktionsniveau oder der Wahl einer ungeeigneten Granularität dazu kommen, dass Services nicht wiederverwendet werden können. Die Diskussion zeigt, dass die mangelnde Unterstützung der Wiederverwendbarkeit von Services als Folge von anderen Problemsituationen verstanden werden kann. Aufgrund der hohen strategischen Bedeutung der Forderung nach Wiederverwendbarkeit wird jedoch an dieser Stelle die mangelnde Unterstützung der Wiederverwendbarkeit von Services als eigenständige Problemsituation dargestellt.

Hinzu kommt, „dass der Aufwand, einen Service tatsächlich wiederverwendbar zu gestalten, um mehr als das Dreifache höher eingestuft wird, als ihn nicht wiederverwendbar zu gestalten."[310] Das führt dazu, dass es zunächst ökonomisch wenig sinnvoll erscheint, einen Service wiederverwendbar und somit auf abstrakterem Niveau zu gestalten.

Zudem ist anzumerken, dass die Zusicherung der Wiederverwendbarkeit von Service ungewollte Abhängigkeiten und erhöhten Kommunikationsbedarf zwischen Fachabteilungen oder Entwicklerteams verursachen kann.

---

[305] Siehe Kapitel 2.4.3 Wiederverwendbarkeit.

[306] Vgl. Krafzig, Banke, Slama /Enterprise SOA/ S. 242, 244-245.

[307] Siehe P.5 mangelnde Kommunikation und Abstimmung (Kapitel 4.3.3).

[308] Vgl. zu diesem Absatz [1].53-54, [5].261-262,309-310, [6].346-348,351-352, [7].170-171,173-174,175-176 sowie Gallas /Service Life Cycle/ 243.

[309] Siehe P.2 mangelndes Abstraktionsvermögen (Kapitel 4.3.3).

[310] Schelp, Stutz /SOA-Governance/ 67.

SD.4 mangelnde Unterstützung der Austauschbarkeit der Services

Flexibilität und lose Kopplung sind weitere Forderungen, die an eine SOA gestellt werden und die Austauschbarkeit der Services sicherstellen sollen. Doch bietet sich in der Praxis ein vom diesem Idealzustand abweichendes Bild, so dass nicht in dem gewünschten Maße auf Veränderungen der Anforderungen reagiert werden kann.[311] Ein wesentlicher Grund hierfür sind bestehende Technologieabhängigkeiten. Der Idealzustand, beliebig Plattformen austauschen oder Services in Systeme integrieren zu können, ist noch nicht erreicht. Die Systemarchitekturen in den Unternehmen werden von historisch gewachsenen, heterogenen und teilweise monolithischen Anwendungen dominiert.[312] Die Herausforderung besteht darin, aus den seit Jahrzehnten bestehenden Mainframe-Anwendungen mit ihren festcodierten Funktionalitäten Services zu extrahieren, die dem Paradigma der Flexibilität, Wiederverwendbarkeit und loser Kopplung gerecht werden.

SD.5 Abweichung zwischen Schnittstellenbeschreibung und Serviceimplementierung

Häufig verfügen Services zwar über wohldefinierte Schnittstellen, liefern aber nicht die geforderte Funktionalität, da Schnittstellenbeschreibung und Serviceimplementierung voneinander abweichen.[313] Eine mangelnde Harmonisierung zwischen Serviceimplementierung und seiner Schnittstelle verursachen diese Problemsituationen. Wenn eine nicht zur Serviceimplementierung passende Schnittstellenbeschreibung abgelegt wird, sind grundsätzlich zwei Szenarien vorstellbar:

- Ein Servicenehmer nimmt einen konkreten Service aufgrund seiner Schnittstellenbeschreibung in Anspruch, welche die geforderte Funktionalität vorgibt, jedoch aufgrund einer nicht zur Schnittstellenbeschreibung passenden Serviceimplementierung abdeckt.

- Ein Servicenehmer fordert einen passenden Service nicht an, obwohl er die gewünschte Funktionalität kapselt, aber eine nicht adäquate Servicebeschreibung vorliegt.

---

[311] Vgl. zu diesem Absatz [2].218-219,221-229,232-234,244-245, [4].381-385, [5].181-182, [7].233.

[312] Vgl. Krafzig, Banke, Slama /Enterprise SOA/ 199.

[313] Vgl. [2].199-201, [4].85-86.

SD.6 unterschiedliche Versionen eines Services

Die Wiederverwendung von Services führt dazu, dass unterschiedliche Servicenutzer einen konkreten Service anfordern und nutzen können.[314] Im Laufe der Zeit können weitere Servicenutzer hinzukommen, die aufgrund zusätzlicher Anforderungen eine Modifikation des Services fordern.[315] Wie kann sichergestellt werden, dass der dann modifizierte Service noch die Anforderungen der anderen bisherigen Servicenutzer abdeckt? In der Praxis werden daher zum Teil verschiedene Versionen eines Services angeboten, was im Extremfall dazu führen kann, dass jedem Servicenutzer seine eigene Serviceversion zugeordnet wird, die wiederum alle einzeln gepflegt werden müssen.[316] Die Wiederverwendbarkeit eines Services ist in diesem Fall gefährdet. Zudem erhöht das Vorhalten unterschiedlicher Service-Versionen den Wartungsaufwand.

SD.7 mangelndes oder unvollständiges Service-Repository

Neben den Services ist das Service-Repository ein weiterer wesentlicher Bestandteil einer SOA.[317] Hier sind im Idealfall alle Services, die von Serviceanbietern bereitgestellt und von Servicenehmer konsumiert werden können, registriert. Die Registrierung beinhaltet neben einer Beschreibung des Services auch Informationen darüber, von wem und wo er angeboten wird.

Ein unvollständiges oder nicht auf dem aktuellen Stand befindliches Service-Repository, das nicht zentral sämtliche Services beinhaltet, erschwert den Aufbau einer Servicegeber-Servicenehmerbeziehung.[318] Dies führt dazu, dass ein konkreter Service wegen fehlender Zuordnung nicht angeboten werden kann oder erschwert die Identifizierung des passenden Services, der die geforderte fachliche Funktionalität abdeckt. Wenn die Informationen über einen konkreten Service nicht zentral zur Verfügung stehen, ist eine Wiederverwendung des Services nicht möglich. Die Folge wiederum wäre redundant entwickelte Services mit gleicher oder zumindest ähnlicher Funktionalität wie ein bereits existierender Service. Ein unvollständiges Service-Repository stellt so-

---

[314] Vgl. [1].143-145.

[315] Vgl. Krafzig, Banke, Slama /Enterprise SOA/ 334 sowie McGovern u. a. /Enterprise SOA/ 377-378.

[316] Vgl. McGovern u. a. /Enterprise SOA/ 377.

[317] Siehe zu diesem Absatz Kapitel 2.5.3 Service-Repository.

[318] Vgl. zu diesem Absatz [1].61-63, [4].290-294, [5].277-278,281-282, [6].390-391,692, [7].202-204,248-249.

mit eine kritische Problemsituation dar und gefährdet die erfolgreiche Einführung und das Betreiben einer SOA.

4.3.6 Limitationen neuer Technologien

In den vorangegangenen Abschnitten wurden Problemsituationen analysiert, die vornehmlich auf organisatorischer Ebene angesiedelt sind. Die Klasse „Ungeeignetes Service-Design" reflektiert dabei schon einige Aspekte, die einen Bezug zu technischen Fragestellungen haben. In diesem und den folgenden Abschnitten werden Problemsituationen dargestellt, die einen technischen Fokus haben.

Die Klasse „Limitationen neuer Technologien" unterscheidet zwischen Problemsituationen, die einen anfänglichen Performance-Downgrade (L.1) bewirken oder sich durch den mangelnden Funktionsumfang aufgrund von fehlenden Komponenten oder unzureichendem Standardisierungsgrad auszeichnen (L.2).

L.1 anfänglicher Perfomance-Downgrade[319]

Zu Anfang einer jeden neuen Technologiegeneration bestehen bestimmte Limitationen in der Nutzung und Verfügbarkeit dieser neuen Technologie.[320] Neue Technologien sind häufig ressourcenhungrig. Zudem werden diese von den Betreibern aufgrund mangelnder Erfahrung noch nicht umfassend beherrscht.[321] Beides kann zu einem anfänglichen Perfomance-Downgrade führen. Aus technologischer Sicht kann sich dieser Perfomance-Downgrade durch unakzeptables Responsetimeverhalten, geringen Durchsatz, mangelnde Stabilität oder mangelnde Verfügbarkeit ausdrücken.[322]

L.2 funktionale „Gaps"

Eng verbunden mit dem anfänglichen Perfomance-Downgrade sind funktionale „Gaps", da oftmals neue Technologien zu Anfang noch nicht über den vollen erwarteten Funkti-

---

[319] Auf eine deutsche Übersetzung des Begriffs „Performance-Downgrade" wird aufgrund der Präzision des Begriffes verzichtet. Der Inhalt des Begriffs lässt sich im Deutschen mit „Rückgang der Leistung" reflektieren.

[320] Vgl. zu diesem und dem folgenden Satz [3].400-409,411,439-440,446-448, [4].283-286, [8].427-430 sowie Krafzig, Banke, Slama /Enterprise SOA/ 356.

[321] Siehe P.3 mangelnde Technologiebeherrschung (Kapitel 4.3.3).

[322] Vgl. [3].411, [4].283-286.

onsumfang verfügen und benötigte Komponenten und Werkzeuge fehlen.[323] So wurde bspw. bemängelt, dass geeignete Werkzeuge zur Darstellung und Modellierung von Geschäftsprozessen fehlen. Darüber hinaus liegt zu Anfang selten ein hoher Standardisierungsgrad vor.[324] Die mangelnde Standardisierung stellt eine besondere Problemsituation dar, da hier in noch stärkerem Maße als bei anderen Architekturkonzepten eine hohe Integrationsfähigkeit einzelner Komponenten und Module gefordert wird.

4.3.7 Technologieabhängigkeiten

Die Klasse „Technologieabhängigkeiten" beinhaltet Problemsituationen, die entweder aufgrund der engen Abhängigkeiten zu den historisch gewachsenen Systemlandschaften bestehen (T.1) oder auf bestehende Herstellerabhängigkeiten zurückzuführen sind (T.2).

T.1 bestehende Systemlandschaften

Die Systemlandschaften in den Unternehmen sind historisch gewachsen und weisen eine starke Heterogenität auf.[325] Verschiedene Komponenten unterschiedlicher Hersteller, die miteinander interagieren müssen, existieren nebeneinander. Dies führt zu einer heterogenen, hochintegrierten Systemlandschaft mit teilweise monolithischen Mainframe-Anwendungen, aus der sich nur mit hohem Aufwand Services extrahieren lassen, da aufgrund des hohen Integrationsgrades die Anbindung einzelner Komponenten festcodiert ist. Dies stellt für die Umsetzung einer SOA eine schwerwiegende Herausforderung dar, aus der heterogenen Systemlandschaft Services zu extrahieren.

T.2 bestehende Herstellerabhängigkeiten

Bestehende Technologieabhängigkeiten können zum einen aufgrund mangelnder Standardisierung der Schnittstellen und zum anderen – losgelöst von technischen Aspekten – aufgrund von vertraglich fixierten Lizenz- und Nutzungsvereinbarungen bestehen, die es erschweren, innerhalb eines bestimmten Zeitraums auf eine andere Plattform zu

---

[323] Vgl. zu diesem und dem folgenden Satz [2].268-270, [3].59-61,235-237, [4].278-283,370, [6].185-187,197-200,201-206,618-629,649-651 sowie Gold u. a. /Understanding SOA/ 76.

[324] Vgl. zu diesem und dem folgenden Satz Krafzig, Banke, Slama /SOA Enterprise/ 255.

[325] Vgl. zu diesem Absatz [1].88-89,91-93, [7].220-222, [8].253-268,292-294 sowie Krafzig, Banke, Slama /Enterprise SOA/ 199.

wechseln.[326] Anbieter von eigenen Plattformen haben im Allgemeinen kein Interesse daran, kompatibel zu Produkten anderer Hersteller zu sein. Die Gestaltungsvorgaben einer SOA setzen aber gerade auf eine Technologie- und Plattformunabhängigkeit, die bisher eher idealtypisch anzusehen sind.

4.3.8 Komplexes Security-Identity-Management

Auch bei SOA sind Fragen der Sicherheit zu klären. Dabei muss sichergestellt werden, dass nur authentifizierte[327] und autorisierte[328] Servicenehmer einen konkreten Service in Anspruch nehmen.

SEC.1 keine Unterstützung von Single-Sign-On[329]

Die existierende, heterogene Systemlandschaft ist dadurch gekennzeichnet, dass jede Anwendung ihre eigene Benutzerverwaltung und jede Datenbank ihr eigenes Datenlogin mit eigenen Mechanismen zur Archivierung und zur Systemwiederherstellung hat.[330] Dies ist problematisch bei der Einführung einer SOA, weil unterschiedliche Berechtigungsmechanismen für die unterschiedlichen Systeme und Domänen bestehen.[331] Im Idealfall werden die Authentifizierungs- und Autorisierungsdaten eines Servicenehmers weitergereicht, wenn dieser unterschiedliche Services aus verschiedenen Domänen nutzt.[332] D. h. nach einer einmaligen Authentifizierung eines Servicenehmers wird der Zugriff für alle von ihm angeforderten Services, für die er autorisiert ist, gewährt, ohne sich jedes Mal neu anmelden zu müssen. Services sind aber gemäß der Forderung autonom und unabhängig voneinander, so dass ein Service den Status eines anderen Servi-

---

[326] Vgl. zu diesem Absatz [5].192-194.

[327] Authentifizierung ist die nachweisliche Identifikation eines Kommunikationspartners, d. h. die Prüfung der Übereinstimmung zwischen tatsächlicher und angegebener Identität. Vgl. z. B. Dostal u. a. /SOA mit Web Services/ 14 sowie Pulier, Taylor /Enterprise SOA/ 113.

[328] Autorisierung ist die Zuweisung von Zugriffsrechten an den authentifizierten Kommunikationspartner, für die dieser berechtigt ist. Vgl. z. B. Stahlknecht, Hasenkamp /Wirtschaftsinformatik/ 490.

[329] Auf eine deutsche Übersetzung des Begriffs „Signle-Sign-On" wird aufgrund der Präzision des Begriffes verzichtet. Der Inhalt des Begriffs lässt sich im Deutschen mit „einmalige Anmeldung für unterschiedliche Systeme" reflektieren.

[330] Vgl. McGovern /Enterprise SOA/ 218.

[331] Vgl. Westerkamp /Service-Oriented Approach/ 142.

[332] Vgl. zu diesem und dem folgenden Satz Erl /SOA Concepts/ 260 sowie Newcomer, Lomow /SOA with Web Services/ 125.

ces nicht kennt.[333] Das Fehlen von Mechanismen zur Unterstützung von Single-Sign-On erhöht die Komplexität zur Nutzbarkeit einer SOA.[334]

4.3.9 Inkonsistenz der Daten

Diese Klasse beinhaltet Problemsituationen, die zu einer inkonsistenten Datenhaltung führen können. Hier sind zum einen die Wahrung der Datenintegrität (D.1) und zum anderen die unterschiedliche Semantik in den Datenquellen (D.2) zu nennen.

D.1 Wahrung der (Daten)-integrität

Datenintegrität bedeutet die Zusicherung von Maßnahmen, die garantieren, dass Daten nicht unzulässig modifiziert oder geändert werden.[335] Diese Maßnahmen beruhen auf Verschlüsselung und digitalen Signaturen.[336] Dadurch ist gewährleistet, dass nur authentifizierte und autorisierte Instanzen Zugriff auf Datenbestände erlangen können.[337] Datenintegrität ist eng verbunden mit dem Begriff der Datensicherheit, die Vollständigkeit und Korrektheit der Daten zu jedem Zeitpunkt sicherstellen soll.[338]

Durch die Flexibilität einer SOA können unterschiedliche Services auf unternehmensweite und domänenfremde Datenbestände zugreifen. Dadurch besteht die Gefahr, dass Daten durch die Vielzahl unterschiedlicher Services nicht konsistent gehalten werden können.[339] Es fehlen Sicherheitsmechanismen, welche die Wahrung der Datenintegrität sicherstellen und vereinfachen.

D.2 unterschiedliche Semantik in den Datenquellen

Die Services einer SOA befinden sich auf unterschiedlichen Plattformen und Systemen, denen wiederum unterschiedliche Datenbanken zugrunde liegen.[340] Fordert ein Servicenehmer mithilfe eines anderen Service bestimmte Daten an, muss sichergestellt werden,

---

[333] Vgl. Erl /SOA Concepts/ 303-309.

[334] Vgl. [8].292,304-309,312-314,413-414.

[335] Vgl. Hansen, Neumann /Wirtschaftsinformatik/ 175.

[336] Vgl. Erl /SOA Concepts/ 263-264.

[337] Vgl. Dustdar, Gall, Hauswirth /Software-Architekturen/ 149.

[338] Vgl. Hansen, Neumann /Wirtschaftsinformatik/ 173.

[339] Vgl. [8].292,302-304,412,418-426.

[340] Vgl. [8].93-95.

dass die Daten semantisch übereinstimmen.[341] Auch wenn Daten syntaktisch übereinstimmen, besteht die Gefahr, dass über Domänengrenzen hinweg eine unterschiedliche Semantik mit diesen Daten assoziiert wird.

4.4 Schlussbetrachtungen

In den vorangegangenen Kapiteln wurden die identifizierten Problemsituationen erläutert und analysiert. Dabei wurden Problemsituationen mit organisatorischen und technischen Aspekten identifiziert und in entsprechende Klassen eingeordnet. Daneben gibt es eine weitere Klasse von Problemsituationen, die sich um das Thema Service-Design zentrieren und sowohl organisatorische als auch technologische Aspekte adressieren. Die Problemsituation „Mangelnde Transparenz der Wirtschaftlichkeit" konnte keiner anderen Klasse zugeordnet werden und stellt somit eine eigene Klasse dar. Die Diskussion der Problemsituationen zeigte, dass zum Teil enge Zusammenhänge zwischen einzelnen oder auch ganzen Gruppen von Problemsituationen bestehen. Aufgrund dieser thematischen Zusammenhänge wurde die Klassifikation vorgenommen. Dabei haben einige Problemsituationen auch Bezüge zu mehr als einer Klasse. Die Zuordnung erfolgte in diesen Fällen anhand der größeren Relevanz für eine Klasse.

In Kapitel 4.4.1 werden die identifizierten Problemsituationen in dem resultierenden Klassifikationsschema dargestellt. Kapitel 4.4.2 leitet Implikationen zum Einführungsprozess aus den diskutierten Problemsituationen ab. Danach werden in Kapitel 4.4.3 vorbereitende Überlegungen zur Durchführung einer quantitativen Hypothesenüberprüfung getroffen. Kapitel 4.4.4 gibt einen kurzen Ausblick zum Potenzial der SOA als nachhaltiges Architekturkonzept und deckt offene Fragen auf, die in nachfolgenden Studien und Forschungsarbeiten behandelt werden können.

4.4.1 Klassifikationsschema

Abb. 4-1 stellt das abschließende Klassifikationsschema dar, welches aus den vorangegangen Diskussionen zur Klassifizierung der Problemsituationen resultiert.

---

[341] Vgl. Zu diesem und dem folgenden Satz Linthicum /Next Wave/ 12.

Organisatorische Problemsituationen

Unzureichendes Change-Management:

- unzureichendes Commitment C.1
- unrealistische Erwartungen C.2
- abteilungsübergreifende Interessenkonflikte C.3
- mangelnde Akzeptanz C.4
- unzureichende Kommunikation C.5
- unzureichende Beschreibung der Verantwortlichkeiten und Rollenverteilung C.6
- ungeeignete Vorgehensmodelle C.7
- mangelnde Analyse C.8

Personelle Herausforderungen:

- mangelnder Erfahrungs- und Kenntnisstand P.1
- mangelndes Abstraktionsvermögen P.2
- unzureichende Technologiebeherrschung P.3
- hohe Änderungsfrequenz neuer Technologien P.4
- mangelnde Kommunikation und Abstimmung P.5
- bestehende Abhängigkeiten P.6
- keine einheitliche Terminologie P.7

Mangelnder Fokus auf globale Zusammenhänge:

- mangelnde Geschäftsprozessorientierung G.1
- mangelndes Business-IT-Alignment G.2
- unzureichende Identifikation und Definition der Geschäftsprozesse G.3
- zu technische Betrachtung und Herangehensweise G.4

Ungeeignetes Service-Design:

- unzureichende Trennung zwischen fachlicher Konzeption und technischer Implementierung SD.1
- ungeeignete Wahl der Granularität der Services SD.2
- mangelnde Unterstützung der Wiederverwendbarkeit der Services SD.3
- mangelnde Unterstützung der Austauschbarkeit der Services SD.4
- Abweichung zwischen Schnittstellenbeschreibung und Serviceimplementierung SD.5
- unterschiedliche Versionen eines Services SD.6
- mangelndes oder unvollständiges Service-Repository SD.7

Mangelnde Transparenz der Wirtschaftlichkeit

Technische Problemsituationen

Limitationen neuer Technologien:

- anfänglicher Performance-Downgrade L.1
- funktionale „Gaps" L.2

Komplexes Security-Identity-Management:

- keine Untersützung von Single-Sign-On SEC.1

Technologieabhängigkeiten:

- bestehende Systemlandschaften T.1
- bestehende Herstellerabhängigkeiten T.2

Inkonsistenz der Daten:

- Wahrung der (Daten-)Integrität D.1
- unterschiedliche Semantik in den Datenquellen D.2

Abb. 4-1: Klassifizierung der Problemsituationen

4.4.2 Implikationen zum Einführungsprozess einer Service-orientierten Architektur

In diesem Kapitel werden Implikationen aus den diskutierten Problemsituationen abgeleitet, die bei der Einführung einer SOA zu beachten sind, um die identifizierten Problemsituationen zu vermeiden oder zumindest ihre negativen Folgen zu mindern.

Alle Problemsituationen sind prinzipiell kritisch für die erfolgreiche Einführung einer SOA. Sie können zu Zeitverzögerungen, zu Budgetüberschreitungen, zur Nichteinhaltung der Zielvorgaben und sogar zum Scheitern der SOA-Einführung führen.[342]

Die technischen Problemsituationen vornehmlich der Klasse „Limitationen neuer Technologien" sind durch die Neuartigkeit der Technologie begründet. Hier bleibt abzuwarten, ob diese sich nicht mit fortschreitender Standardisierung und technischen Weiterentwicklungen im Laufe der Zeit auflösen werden.

SOA adressiert aufgrund der strategischen und unternehmensweiten Bedeutung in hohem Maße organisatorische Maßnahmen und strukturelle Veränderungen.

Der Einführungsprozess einer SOA beginnt mit der Vision zur Einführung einer nachhaltigen Softwarearchitektur und dem daran anschließenden Entscheidungsprozess, ob diese Nachhaltigkeit tatsächlich zum erhofften Erfolg führen kann. Der Entscheidungsprozess beinhaltet Überlegungen und Maßnahmen, den Nutzen einer SOA für das Unternehmen zu bestimmen.

- In den vorangegangenen Diskussionen wurde dargestellt, dass ein wirtschaftlicher Nutzen zu Anfang häufig nicht erkennbar ist. (siehe Implikation: 4.4.2.1 Strategisches Investment vs. Transparenz des wirtschaftlichen Nutzens)
- Bei positiver Entscheidung zur Einführung einer SOA ist ein Change-Management zu initiieren, welches die SOA-spezifischen Aspekte berücksichtigt. (siehe Implikation: 4.4.2.2 SOA-konformes Change-Management)
- Im Zuge des Change-Management-Prozesses sollte ein SOA-Governance-Modell entwickelt und etabliert werden, welches den fortlaufenden Betrieb, die Weiterentwicklung, Prinzipien und Verantwortlichkeiten regelt sowie geeignete Vorgehensmodelle bereithält. (siehe Implikation: 4.4.2.3 SOA-Governance)

Diese Implikationen adressieren dabei einzelne oder auch ganze Gruppen von Problemsituationen, die im Rahmen der Studie identifiziert wurden.

---

[342] Vgl. Zu diesem und dem folgenden Satz Erl /SOA Concepts/ 362.

4.4.2.1 Strategisches Investment vs. Transparenz des wirtschaftlichen Nutzens

Der wirtschaftliche Nutzen zum Zeitpunkt der Einführung einer SOA ist aufgrund der unternehmensweiten Maßnahmen nur schwierig zu quantifizieren.[343] Am Anfang entstehen zumeist Overheadkosten, die sich erst über einen längeren Zeitraum amortisieren. Die Umsetzung einer SOA liefert keinen kurzfristigen ROI, sondern erfordert strategisches Investment.[344] Dieses strategische Investment begründet sich durch die Nachhaltigkeit einer flexiblen Softwarearchitektur, die es dem Unternehmen ermöglicht, flexibel auf dynamische Umfeldentwicklungen des Unternehmens und geänderte Kundenanforderungen zu reagieren. Zudem besteht die Hoffnung in der Reduzierung von Time-to-Market und somit in der Realisierung von Wettbewerbsvorteile gegenüber Konkurrenten. Daher sollten während des Entscheidungsfindungsprozesses zur Einführung einer SOA Wirtschaftlichkeitsbetrachtungen nicht als alleiniges Kriterium herangezogen werden. Dies bedeutet nicht, dass sich ein wirtschaftlicher Nutzen nicht einstellen wird, jedoch ist dieser zum Zeitpunkt der Entscheidungsfindung kaum quantifizierbar. Gerade in den letzten Jahren haben sich jedoch ROI-Kalkulationen für Investitionsentscheidungen von IT-Projekten zunehmend verbreitet.[345] Hier besteht die Herausforderung, dem Top-Management der Unternehmen den strategischen Nutzen einer SOA zu vermitteln.

4.4.2.2 SOA-konformes Change-Management

Viele der identifizierten Problemsituationen sind im Kontext eines unzureichenden Change-Managements einzuordnen. Im Vergleich zu anderen Softwarearchitekturen stehen bei SOA in noch stärkerem Maße organisatorische Fragestellungen im Vordergrund. Daher sollte ein SOA-konformes Change-Management eingeführt werden, um:

- Commitment bei allen Beteiligten zu verankern (Kapitel 4.3.1: C.1)
- unrealistische Erwartungen zu vermeiden (Kapitel 4.3.1: C.2)
- abteilungsübergreifende Interessenkonflikte aufzulösen (Kapitel 4.3.1: C.3)
- Akzeptanzprobleme und innere Widerstände zu mindern (Kapitel 4.3.1: C.4)
- Kommunikationskanäle zu etablieren (Kapitel 4.3.1: C.5, P.5, P.6)

---

[343] Siehe Kapitel 4.3.4 Mangelnde Transparenz der Wirtschaftlichkeit.

[344] Vgl. zu diesem Absatz Woods, Mattern /Enterprise SOA/ 88.

[345] Vgl. Woods /Enterprise Services Architecture/ 73-74.

Zudem sollen die personellen Herausforderungen adressiert werden. Dies beinhaltet:

- Vorbereitung sowohl der Mitarbeiter aus den Fachabteilungen als auch der Entwickler auf den Umgang mit SOA mithilfe geeigneter Schulungsmaßnahmen (Kapitel 4.3.3: P.1, P.3, P.7)
- Aufforderung zu serviceorientiertem Verhalten und dem ‚Denken in Prozessen' (Kapitel 4.3.3: P.2)
- bei Bedarf Einbeziehen externer Expertise (Kapitel 4.3.3: P.1, P.3)

4.4.2.3 SOA-Governance

Die Einführung einer SOA erfordert die Einhaltung von Implementierungsstandards, Designvorschriften und Kontrollmechanismen, um die wachsende Komplexität und abteilungsübergreifenden Abhängigkeiten nachhaltig kontrollieren zu können.[346] SOA-Governance kann als Weiterentwicklung oder auch Spezialisierung der IT-Governance gesehen werden. Einhergehend mit dem Change-Management-Prozess sind hier Vorgaben betreffend Organisationsstrukturen, Standards, Rollenverteilung, Verantwortlichkeiten und Messmetriken zu vereinbaren, welche die Transparenz und Konformität einer SOA gewährleisten.

SOA-Governance-Modelle unterscheiden grundlegend Managementaktivitäten und organisatorische Maßnahmen. Managementaktivitäten stellen sicher, dass eine SOA-Einführung erfolgreich vollzogen wird. Dazu gehören Planung, Implementierung, Wartung und Controlling. Die organisatorischen Maßnahmen legen fest, welche SOA-Strategie verfolgt werden soll und welche organisatorischen und strukturellen Veränderungen dies bewirkt. Dazu gehört auch die Festlegung der Rollen und Verantwortlichkeiten innerhalb der SOA.

(1) SOA-Implementierung:

- <u>Portfolio Management</u>: Zunächst müssen alle Geschäftsprozesse identifiziert, analysiert und dokumentiert werden. Danach erfolgt die Festlegung der Prioritäten, welche Prozesse in welcher Reihenfolge in der SOA umgesetzt werden. (Kapitel 4.3.1: C.8; Kapitel 4.3.2: G.1, G.3)
- <u>Inkrementelle Vorgehensmodelle</u>: In der Literatur wird eine inkrementelle Vorgehensweise vorgeschlagen, die zunächst mit einem wohldefinierten und ver-

---

[346] Vgl. zu diesem Absatz Schelp, Stutz /SOA-Governance/ 69-72.

standenen Prozess beginnt und entlang dessen sukzessiv eine SOA aufgebaut werden soll.[347] In weiteren Zyklen werden weitere ähnliche Prozesse hinzugefügt, so dass ein hohes Maß an Wiederverwendbarkeit der bereits vorhandenen Services erreicht werden kann. Dabei ist ein ständiger Wechsel zwischen Bottom-up-Methode und Top-down-Ansatz vorzuziehen. Top-down zur Identifizierung geeigneter Prozesse und Bottom-up zur Implementierung der entsprechenden Services (Kapitel 4.3.1: C.7)

- Service-Design und Umsetzung: Im Zentrum einer SOA stehen Services, die in ihrem Zusammenwirken Geschäftsprozesse abbilden, die wiederum die Geschäftsfähigkeit eines Unternehmens verantworten.[348] Aus diesem Grund gilt es, ein hohes Maß an Sorgfalt in das Design der Services zu investieren, um Wiederverwendbarkeit, Flexibilität, Trennung zwischen fachlicher Konzeption und technischer Realisierung zu gewährleisten. Marks und Bell schlagen in diesem Zusammenhang einen iterativen Zyklus vor, zunächst Services aus einer Top-down-Perspektive zu identifizieren und zu modellieren, um diese anschließend in einem Bottom-up-Ansatz technisch zu spezifizieren.[349] Dabei ist zwischen fachlichen Services und der technischen Implementierung dieser Services zu unterscheiden. Dieser Zyklus ist so lange zu wiederholen bis ein geeignetes Service-Design vorliegt. Ein geeignetes Service-Design liegt vor, wenn ein Service:[350]

  - die fachlichen Anforderungen erfüllt (engl. Business Impact)
  - in einer passenden Granularität vorliegt, wiederverwendbar und flexibel modelliert ist (engl. Service Feasibility)
  - technisch realisierbar ist (engl. Technical Feasibility)

(Kapitel 4.3.5: SD.1, SD.2, SD.3, SD.4, SD.5)

---

[347] Vgl. z. B. Kraftig, Banke, Slama /Enterprise SOA/ 272 sowie Erl /SOA Concepts/ 362-373.

[348] Vgl. Oey u. a. /SOA/ 212 sowie Gallas /Service Lify Cycle/ 23-236.

[349] Vgl. zu diesem und dem folgenden Satz Marks, Bell /SOA/ 107, 127-129.

[350] Vgl. Marks, Bell /SOA/ 102.

(2)   SOA-Management:

- <u>Service-Repository</u>: Zum Wiederauffinden von bereits existierenden Services wird ein zentrales Service-Repository eingesetzt, das darüber hinaus die Verwendung und Entwicklung von Services kontrolliert und dadurch die Entwicklung von redundanten Services vermeiden soll. (Kapitel 4.3.5: SD.3, SD.7)

- <u>Service Lifecycle Management (Wartung und Versionisierung)</u>: Die Pflege der Versionsinformationen ist hilfreich, um die Komplexität der Servicegeber-Servicenehmerbeziehungen kontrollieren zu können. Es muss dokumentiert werden, wie lange eine ältere Service-Version gültig bleibt, wenn aktuellere Versionen erstellt werden. (Kapitel 4.3.5: SD.6)

(3)   SOA-Controlling:

- <u>Performance, inkl. Sicherheit</u>: Überwachung der Performance. Dazu zählt: Responsetime, Durchsatz, Verfügbarkeit, Zuverlässigkeit, Ausfallsicherheit, Stabilität sowie Sicherheit (Kapitel 4.3.6: L.1; Kapitel 4.3.8: SEC.1)

- <u>Service Level & Quality Management</u>: Sicherstellen, dass die SLAs, die zwischen Servicegeber und -nehmer vereinbart wurde, eingehalten werden. (Kapitel 4.3.6: L.1; Kapitel 4.3.1: C.6)

(4)   SOA-Strategie:

- <u>Strategie & Roadmap</u>: Ziel von SOA ist es, eine flexible Softwarearchitektur zu etablieren, die sich an Geschäftsprozessen orientiert und einen hohen Grad an Business-IT-Alignment erreicht.[351] Hierzu müssen abteilungsübergreifende Zielsetzungen und unternehmensweite Strategien formuliert werden. Darüber hinaus muss sichergestellt werden, dass eine globale Sichtweise bei allen Beteiligten über Abteilungsgrenzen hinweg verankert wird und der Prozessgedanke im Vordergrund steht. (Kapitel 4.3.2: G.1, G.2, G.4)

- <u>Festlegung von Prinzipien, Richtlinien, Standards und Regeln</u>: Hier werden die Rahmenbedingungen festgelegt, die von den operativen Managementaktivitäten SOA-Implementierung, SOA-Management und SOA-Controlling einzuhalten sind.

---

[351] Vgl. Newcomer, Lomow / SOA with Web Services/ 54.

(5) SOA: Organisatorische Rahmenbedingungen:

- **Betroffene, Beteiligte und Nutzer**: Es müssen strukturelle und organisatorische Maßnahmen getroffen. Dazu zählen bspw. das Einrichten von Kommunikationskanälen und die Durchführung von Schulungen, damit alle Betroffenen, d. h. sowohl Mitarbeiter aus den Fachabteilungen als auch die Entwickler den Umgang mit SOA beherrschen. (Kapitel 4.3.1: C.4, C.5; Kapitel 4.3.3: P.1, P.2, P.5, P.6)

- **Beschreibung der Verantwortlichkeiten und Rollenverteilung**: Zuständigkeiten, Verantwortlichkeiten und Rollenverteilung müssen klar definiert und kommuniziert werden. (Kapitel 4.3.1: C.5, C.6)

Das resultierende SOA-Governance-Modell ist in Abb. 4-2 dargestellt.

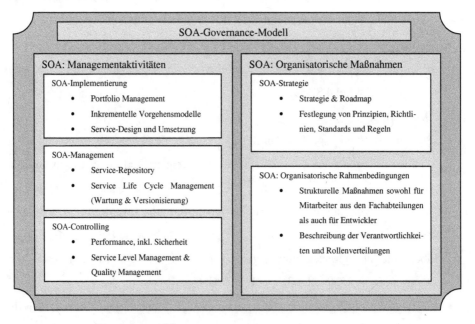

Abb. 4-2: SOA-Governance-Modell[352]

---

[352] In Anlehnung zur Darstellung von an Schelp, Stutz /SOA-Governance/ 70.

4.4.3 Vorbereitung einer quantitativen Hypothesenüberprüfung

Die Ergebnisse der Studie – die identifizierten Problemsituationen – können als Vorbereitung einer quantitativen Hypothesenüberprüfung in Form eines Fragebogens genutzt werden. Dadurch können die statistische Repräsentativität und die Relevanz einzelner Problemsituationen bestimmt werden, die im Kontext dieser Studie explorativ ermittelt wurden. Die Mehrfachnennung einzelner Problemsituationen in den Experteninterviews kann nicht als statistisch signifikante Häufigkeitsverteilung betrachtet werden, da die Mehrfachnennung einzelner Problemsituationen bspw. auch durch ihre Offensichtlichkeit begründet sein kann. Inwieweit die identifizierten Problemsituationen in einer quantitativen Umfrage berücksichtigt werden sollen, bleibt dem Initiator und dem Forschungsschwerpunkt einer nachfolgenden, quantitativen Studie überlassen.

Dabei empfiehlt sich jedoch, jede Problemsituation als Item zu formulieren und mithilfe einer Rating-Skala[353] die Einschätzung der Relevanz dieser Problemsituation für die erfolgreiche Einführung einer SOA bewerten zu lassen. Abb. 4-3 verdeutlicht dies anhand eines Beispiels.

	Stimme voll und ganz zu	Stimme eher zu	Unent-schlossen	Stimme eher nicht zu	Stimme gar nicht zu
1. Ein unzureichendes Commitment seitens aller Beteiligten ist kritisch für die erfolgreiche Einführung einer SOA.	☐	☐	☐	☐	☐

Abb. 4-3: Beispiel zur Formulierung eines Items

Es kann davon ausgegangen werden, dass die Relevanz einzelner Problemsituationen – vornehmlich die technologischen Problemsituationen – sich mit zunehmender zeitlicher Fortschreitung und damit einhergehender Standardisierung relativieren wird. Wiederum können andere bisher nicht genannte Problemsituationen hinzukommen.

Die im Rahmen dieser Arbeit durchgeführte Studie erhebt keinen Anspruch auf Vollständigkeit aller in der Praxis potenziellen Problemsituationen bei der Einführung einer SOA. Jedoch sind nach intensivem Literaturstudium und der Durchführung der Expertenbefragung wesentliche Problemsituationen identifiziert und analysiert worden.

---

[353] Vgl. Mayer /Interview/ 82-84.

4.4.4 Ausblick

Im Zentrum der Studie stand die Forschungsfrage nach Problemsituationen bei der Einführung einer SOA; zum Einstieg in das Thema wurden auch Fragen zum Verständnis der SOA und dem Potenzial der SOA als nachhaltiges Architekturkonzept gestellt.

Trotz der aufgezeigten Problemsituationen wird das Potenzial von SOA als nachhaltiges Architekturkonzept von den Experten hoch eingestuft.[354] Mit diesem Ansatz ist eine noch schnellere Reaktion auf fachliche Anforderungen und Änderungen im Unternehmensumfeld möglich. Somit liefert SOA den richtigen Ansatz, Architekturen zukünftig flexibler und nachhaltig gestalten zu können, was für Unternehmen erfolgskritisch ist, da sie sich in immer kürzeren Zeitabständen auf neue Situationen einstellen müssen, um sich am Markt etablieren zu können und wettbewerbsfähig zu bleiben. Mit dem Aufkommen der SOA ist auch ein Wandel des Verständnisses von der eher anwendungsorientierten zur geschäftsprozessorientierten Entwicklung mit zunehmender fachlicher Ausrichtung zu beobachten.[355] Zudem besteht die Hoffnung darin, eine Lösung zur Homogenisierung der heterogenen Systemlandschaften zu haben.[356]

Es bleibt abzuwarten, inwieweit der SOA-Ansatz tatsächlich dem Anspruch der Nachhaltigkeit gerecht wird. Die technischen Problemsituationen aufgrund der Limitationen einer neuen Technologie werden sich mit zunehmender Standardisierung auflösen.

In diesem Zusammenhang könnten bspw. folgende Fragen in nachfolgenden Studien untersucht werden:

- Wird SOA dem Anspruch gerecht, ein nachhaltiges Architekturkonzept zu sein?

  → setzt eine Langzeituntersuchung voraus

- Werden sich die technischen Problemsituationen, die durch die Neuartigkeit des Konzepts begründet sind, im Laufe der Zeit tatsächlich auflösen? Oder kommen weitere Problemsituationen aufgrund steigender Komplexität hinzu?

  → Umfragen in regelmäßigen Abständen zur Hypothesenüberprüfung

- Werden Architekturkonzepte zukünftig in noch stärkerem Maße fachlich motiviert werden und abstrahieren dabei zunehmend technische Spezifikationen?

  → Möglichkeiten der Verknüpfung von MDA und SOA

---

[354] Vgl. zu diesem Absatz [1].6,9-10, [2].16-20, [3].40-45,57-67.87-91,99-100, [5].26-27, [6].87-88,326-330, [7].23-25,30, [8].85-87,94-97.

[355] Vgl. [5].26-27.

[356] Vgl. [1].9-10, [8].85.87,94-97.

5.   Fazit

In der vorliegenden Arbeit wurden Problemsituationen bei der Einführung einer SOA analysiert und klassifiziert.

Dazu wurde zunächst eine geeignete Forschungsmethode zur Durchführung einer explorativen Expertenbefragung zur Identifizierung von Problemsituationen erarbeitet. Die Forschungsmethode orientiert sich im Wesentlichen an der zusammenfassenden Inhaltsanalyse nach Mayring. Aufgrund des strukturierten Interpretationsregelwerks und des resultierendes Kategoriensystems erwies sich diese Methode für den Forschungsanspruch dieser Arbeit als besonders geeignet.

Mithilfe dieser Forschungsmethode wurden acht Experteninterviews ausgewertet und analysiert. Als Ergebnis wurden 36 Problemsituationen identifiziert, die in neun Klassen eingeteilt wurden. Drei dieser Klassen sind im organisatorischen Rahmen und vier weitere Klassen im technologischen Kontext einzuordnen. Die Klasse „Ungeeignetes Service-Design" reflektiert sowohl organisatorische als auch technische Aspekte. Die Klasse „Mangelnde Transparenz der Wirtschaftlichkeit" nimmt eine Sonderstellung aufgrund ihrer strategischen Bedeutung ein. Denn der Einführungsprozess einer SOA wird durch den Entscheidungsprozess zur Bestimmung des Nutzens einer SOA für ein konkretes Unternehmen initiiert. Ein wirtschaftlicher Nutzen ist in diesem Anfangsstadium aufgrund der unternehmensweiten und strukturellen Maßnahmen schwierig zu quantifizieren, obgleich der strategische Nutzen nicht von der Hand zu weisen ist.

Weitere Implikationen, die sich aus der Analyse ergaben, adressieren die Notwendigkeit eines SOA-konformen Change-Managements und die Errichtung eines SOA-Governance-Modells zur erfolgreichen Einführung einer SOA.

Die Analyse und Diskussion verdeutlichte, dass die Einführung einer SOA in hohem Maße organisatorische Maßnahmen und strukturelle Veränderungen erfordert.

Ferner wurden vorbereitende Überlegungen zu einer quantitativen Hypothesenüberprüfung der identifizierten Problemsituationen getroffen.

Unternehmen, die kurz vor der Entscheidung zur Einführung einer SOA stehen oder sich schon in der Einführungsphase befinden, können auf die identifizierten Problemsituationen und ihre Klassifizierung zurückgreifen und diese mit ihrer konkreten Situation im Unternehmen abgleichen. Dadurch können geeignete Maßnahmen ergriffen werden, um negative Folgen in Form von Zeitverzögerungen oder Budgetüberschreitungen, die den erfolgreichen Abschluss der SOA-Einführung gefährden, zu vermeiden.

Literaturverzeichnis

Aier, Dogan /Unternehmensarchitekturen/

Stephan Aier, Turgut Dogan: Nachhaltigkeit als Gestaltungsziel von Unternehmensarchitekturen. In: Stephan Aier, Marten Schönherr (Hrsg.): Enterprise Application Integration. Serviceorientierung und nachhaltige Architekturen. Band 2. 2. Aufl., Berlin 2006, S.75-122

Balzert /Grundlagen der Informatik/

Helmut Balzert: Lehrbuch. Grundlagen der Informatik. Konzepte und Notationen in UML 2, Java 5, C++ und C#. Algorithmik und Software-Technik. Anwendungen. 2. Aufl., München 2005

Barry /Web Services and SOA/

Douglas K. Barry: Web Services and Service-Oriented Architectures. The Savvy Manager's Guide. Your Road Map to Emerging IT. Amsterdam u. a. USA 2003

Bass, Clements, Kazman /Software Architecture/

Len Bass, Paul Clements, Rick Kazman: Software Architecture in Practice. 2. Aufl., Boston u. a. 2005

Baurschmid /IT-Governance/

Michael Baurschmid: Vergleichende Buchbesprechung. IT-Governance. In: Wirtschaftsinformatik. Nr. 6, Jg. 47, 2005, S. 448-463

Bieberstein u. a. /SOA/

Norbert Bieberstein, Sanjay Bose, Marc Fiammante, Keith Jones, Rawn Shah: Service-Oriented Architecture (SOA) Compass. Business Value, Planning, and Enterprise Rodmap. 3. Aufl., New Jersey u. a. 2006

Bortz, Döring /Forschungsmethoden/

Jürgen Bortz, Nicola Döring: Forschungsmethoden und Evaluation für Human- und Sozialwissenschaftler. 4. Aufl., Heidelberg 2006

Bruton /IT Services Process/

Noel Bruton: Managing the IT Services Process. Amsterdam u. a. 2004

Cearley, Fenn, Plummer /Five hottest IT Topics/

David W. Cearley, Jackie Fenn, Daryl C. Plummer: Gartner's Positions on the Five hottest IT Topics and Trends in 2005. Gartner Research G00125868. 2005-05-12

Doppler, Lauterburg /Change-Management/

Klaus Doppler, Christoph Lauterburg: Change Management. Den Unternehmens-wandel gestalten. 10. Aufl., Frankfurt - New York 2002

Dostal u. a. /SOA mit Web Services/

Wolfgang Dostal, Mario Jeckle, Ingo Melzer, Barbara Zengler: Service-orientierte Architekturen mit Web Services. Konzepte - Standards - Praxis. München 2005

Dudenredaktion /Fremdwörterbuch/

Dudenredaktion (Hrsg.): Duden. Das Fremdwörterbuch. Band 5. 9. Aufl., Mann-heim u. a. 2006

Durst, Daum /Erfolgsfaktoren SOA/

Michael Durst, Michael Daum: Erfolgsfaktoren serviceorientierter Architekturen. In: Hans-Peter Fröschle, Stefan Reinheimer (Hrsg.): HMD. Praxis der Wirt-schaftsinformatik. Serviceorientierte Architekturen. Nr. 253, 2007-02, S. 18-27

Dustdar, Gall, Hauswirth /Software-Architekturen/

Schahram Dustdar, Harald Gall, Manfred Hauswirth: Software-Architekturen für Verteilte Systeme. Prinzipien, Bausteine und Standardarchitekturen für moderne Software. Berlin - Heidelberg 2003

Erl /SOA Concepts/

Thomas Erl: Service-Oriented Architecture. Concepts, Technology, and Design. 5. Aufl., New Jersey 2006

Erl /SOA Field Guide/

> Thomas Erl: Service-Oriented Architecture. A Field Guide to Integrating XML and Web Services. 9. Aufl., New Jersey 2004

Flick /Qualitative Sozialforschung/

> Uwe Flick: Qualitative Sozialforschung. Eine Einführung. 2. Aufl., Reinbek bei Hamburg 2004

Gallas /Enterprise Service Integration/

> Björn Eric Gallas: Enterprise Service Integration (ESI). Der Weg zu einem servicebasierten EAI-Framework unter Einsatz und Erweiterung von Web Services. In: Stephan Aier, Marten Schönherr (Hrsg.): Enterprise Application Integration. Flexibilisierung komplexer Unternehmensarchitekturen. Band 1. Berlin 2004, S. 175-226

Gallas /Service Life Cycle/

> Bjön Eric Gallas: Der Aufbau eines Service Life Cycle Managements für eine Service-orientierte Architektur als Brücke zwischen Geschäftsprozess und IT Integration. In: Stephan Aier, Marten Schönherr (Hrsg.): Enterprise Application Integration. Serviceorientierung und nachhaltige Architekturen. Band 2. 2. Aufl., Berlin 2006, S. 231-278.

Gallas, Schönherr /Service Management/

> Björn Eric Gallas, Marten Schönherr: Service Management als Grundlage Service Orientierter Architekturen. Ein SOA-Testszenario. In: Stephan Aier, Marten Schönherr (Hrsg.): Unternehmensarchitekturen und Systemintegration. Band 3. Berlin 2005, S. 221-245

Gold u. a. /Understanding SOA/

> Nicolas Gold, Andrew Mohan, Claire Knight, Malcolm Munro: Understanding Service-Oriented Software. In: IEEE Software. Nr. 2, Jg. 21, 2004, S. 71-77

Gronau /Informationssystemarchitekturen/

Norbert Gronau: Wandlungsfähige Informationssystemarchitekturen. Nachhaltigkeit bei organisatorischem Wandel. 2. Aufl., Berlin 2006

Gruhn, Pieper, Röttgers /MDA/

Volker Gruhn, Daniel Pieper, Carsten Röttgers: MDA. Effektives Software-Engineering mit UML 2 und Eclipse. Berlin - Heidelberg - New York 2006

Hansen, Neumann /Wirtschaftsinformatik/

Hans Robert Hansen, Gustaf Neumann: Wirtschaftsinformatik 1. Grundlagen betrieblicher Informationsverarbeitung. 8. Aufl., Stuttgart 2001

Krafzig, Banke, Slama /Enterprise SOA/

Dirk Krafzig, Karl Banke, Dirk Slama: Enterprise SOA. Service-Oriented Architecture. Best Practices. 6. Aufl., New Jersey 2006

Lamnek /Qualitative Sozialforschung/

Siegfried Lamnek: Qualitative Sozialforschung. Lehrbuch. 4. Aufl., Weinheim - Basel 2005

Linthicum /EAI/

David S. Linthicum: Enterprise Application Integration. 5. Aufl., Boston u. a. 2003

Linthicum /Next Wave/

David S. Linthicum: The next wave. 12 steps toward SOA: Part 1. In: Business Integration Journal. Nr. 8, 2004, S. 12

MacKenzie u. a. /OASIS Reference Model/

C. Matthew MacKenzie, Ken Laskey, Francis McCabe, Peter F. Brown, Rebekah Metz: OASIS. Reference Model for Service Oriented Architecture 1.0. Committee Specification 1. 2006-08-02

Marks, Bell /SOA/

    Eric A. Marks, Michael Bell: Service-Oriented Architecture. A Planning and Implementation Guide for Business and Technology. New Jersey 2006

Mayer /Interview/

    Horst O. Mayer: Interview und schriftliche Befragung. Entwicklung, Durchführung und Auswertung. 3. Aufl., München - Wien 2006

Mayring /Qualitative Inhaltsanalyse/

    Philipp Mayring: Qualitative Inhaltsanalyse. Grundlagen und Techniken. 8. Aufl,. Weinheim - Basel 2003

Mayring /Qualitative Sozialforschung/

    Philipp Mayring: Einführung in die qualitative Sozialforschung. Eine Anleitung zu qualitativem Denken. 5. Aufl., Weinheim - Basel 2002

McCarthy, Scannell /Web Services/

    Jack McCarthy, Ed Scannell: Web Services on a Platter. In: Infoworld. Nr. 8, 2003, S. 37-42

McGovern u. a. /Enterprise SOA/

    James McGovern, Oliver Sims, Ashish Jain, Mark Little: Enterprise Service Oriented Architecture. Concepts, Challenges, Recommendations. Dordrecht 2006

Meuser, Nagel /Experteninterviews/

    Michael Meuser, Ulrike Nagel: Experteninterviews. Viel erprobt, wenig bedacht. Ein Beitrag zur qualitativen Methodendiskussion. In: Detlef Garz, Klaus Kraimer (Hrsg.): Qualitative Sozialforschung in der Anwendung. Bremen 1989, S. 441-468

Natis /SOA Scenario/

    Yefim V. Natis: Service-Oriented Architecture Scenario. Gartner Research AV-19-6751. 2003-04-16

Natis /SOA/

Yefim V. Natis: Service-Oriented Architecture (SOA) Ushers in the Next Era in Business Software Engineering. In: Business Integration Journal. Nr. 5, 2004, S. 23-25

Natis, Schulte /Introduction to SOA/

Yefim V. Natis, R. Schulte: Introduction to Service-Oriented Architecture. Gartner Research SPA-19-5971. 2003-04-14

Newcomer /Web Services/

Eric Newcomer: Understanding Web Services. XML, WSDL, SOAP, and UDDI. Boston u. a. 2002

Newcomer, Lomow /SOA with Web Services/

Eric Newcomer, Greg Lomow: Understanding SOA with Web Services. 2. Aufl., Boston u. a. 2005

Nghiem /IT Web Services/

Alex Nghiem: IT Web Services. A Roadmap for the Enterprise. New Jersey 2003

Oey u. a. /SOA/

Kai J. Oey, Holger Wagner, Simon Rehbach, Andrea Bachmann: Mehr als alter Wein in neuen Schläuchen. Eine einführende Darstellung des Konzepts der serviceorientierten Architekturen. In: Stephan Aier, Marten Schönherr (Hrsg.): Unternehmensarchitekturen und Systemintegration. Band 3. Berlin 2005, S.197-220

Pulier, Taylor /Enterprise SOA/

Eric Pulier, Hugh Taylor: Understanding Enterprise SOA. Greenwich 2006

Reinheimer u. a. /SOA/

Stefan Reinheimer, Florian Lang, Jörg Purucker, Hinnerk Brügmann: 10 Antworten zu SOA. In: Hans-Peter Fröschle, Stefan Reinheimer (Hrsg.): HMD. Praxis der Wirtschaftsinformatik. Serviceorientierte Architekturen. Nr. 253, 2007-02, S. 7-17

Schelp, Stutz /SOA-Governance/

Joachim Schelp, Matthias Stutz: SOA-Governance. In: Hans-Peter Fröschle, Stefan Reinheimer (Hrsg.): HMD. Praxis der Wirtschaftsinformatik. Serviceorientierte Architekturen. Nr. 253, 2007-02, S. 66-73

Schlittgen /Statistik/

Rainer Schlittgen: Einführung in die Statistik. Analyse und Modellierung von Daten. Aufl. 10, München - Wien 2003

Singh, Huhns /Service-Oriented Computing/

Munindar P. Singh, Michael N. Huhns: Service-Oriented Computing. Semantics, Processes, Agents. Sussex 2005

Stahlknecht, Hasenkamp /Wirtschaftsinformatik/

Peter Stahlknecht, Ulrich Hasenkamp: Einführung in die Wirtschaftsinformatik. 11. Aufl., Berlin - Heidelberg - New York 2005

Stantchev, Malek /SOA/

Vladimir Stantchev, Miroslaw Malek: Modeling Transculent Service-oriented Architectures. In: Stephan Aier, Marten Schönherr (Hrsg.): Unternehmensarchitekturen und Systemintegration. Band 3. Berlin 2005, S. 247-279

Stelzer, Mellis /Success Factors/

Dirk Stelzer, Werner Mellis: Success Factors of Organizational Change in Software Process Improvement. In: Software Process. Improvement and Practice, Nr. 4, Jg. 4, 1998, S. 227-250

Teubner /Business-IT-Alignment/

Alexander Teubner: IT-Business Alignment. In: Wirtschaftsinformatik Nr. 5, Jg. 48, 2006, S. 368-371

Umek, Tannhäuser /Architekturmanagement/

Alexander Umek, Carsten Tannhäuser: Wert schaffen durch nutzenorientiertes Architekturmanagement in EAI Projekten. In: Stephan Aier, Marten Schönherr (Hrsg.): Enterprise Application Integration. Serviceorientierung und nachhaltige Architekturen. Band 2. 2. Aufl., Berlin 2006. S. 49-73

W3C /Glossary/

W3C: Web Services Glossary. W3C Working Group Note 11 February 2004. http://www.w3.org/TR/ws-gloss/, Abruf am 2007-03-26

Wagner, Schwarzenbacher /Unternehmensprozesse/

Johann Wagner, Kurt Schwarzenbacher: Föderative Unternehmensprozesse. Technologien, Standards und Perspektiven für vernetzte Systeme. Erlagen 2004

Westerkamp /Service-Oriented Approach/

Peter Westerkamp: Flexible Elearning Platforms. A Service-Oriented Approach. Diss. Berlin 2005

Woods /Enterprise Services Architecture/

Dan Woods: Enterprise Services Architecture. SAPs Bauplan für Geschäftsapplikationen der nächsten Generation. Bonn 2004

Woods, Mattern /Enterprise SOA/

Dan Woods, Thomas Mattern: Enterprise SOA. Designing IT for Business Innovation. Peking u. a. USA 2006

Zarnekow, Hochstein, Brenner /IT-Management/

Rüdiger Zarnekow, Axel Hochstein, Walter Brenner: Serviceorientiertes IT-Management. ITIL-Best-Practices und -Fallstudien. Berlin - Heidelberg - New York 2005

Zhang, Tanniru /Trade-Offs in SOA/

Yiwen Zhang, Mohan Tanniru: Business Flexibility and Operational Efficiency - Making Trade-Offs in Service Oriented Architecture. In: Proceedings of the Eleventh Americas Conference on Information Systems, August 11 – 14, 2005, Omaha, NE, USA, 2005, S. 2265-2270

Anhang

Anhang A: Interpretationsregeln nach Mayring

Anhang B: E-Mail zur Terminvereinbarung eines Telefoninterviews

Anhang C: Interviewleitfaden

Anhang D: Transkriptionen der Interviews

Anhang E: Einzelauswertung der Interviews

Anhang F: Gesamtauswertung der Problemsituationen

Anhang G: Gesamtauswertung der Einschätzung von SOA

Anhang H: Gesamtauswertung des Potenzials von SOA

Anhang A: Interpretationsregeln nach Mayring

Z1: Paraphrasierung

Z1.1 Streiche alle nicht (oder wenig) inhaltstragenden Textbestandteile wie ausschmückende, wiederholende, verdeutlichende Wendungen!

Z1.2 Übersetze die inhaltstragenden Textstellen auf eine einheitliche Sprachebene!

Z1.3 Transformiere sie auf eine grammatikalische Kurzform!

Z2: Generalisierung auf das Abstraktionsniveau

Z2.1 Generalisiere die Gegenstände der Paraphrasen auf die definierte Abstraktionsebene, so dass die alten Gegenstände in den neu formulierten impliziert sind!

Z2.2 Generalisiere die Satzaussagen (Prädikate) auf die gleiche Weise!

Z2.3 Belasse die Paraphrasen, die über dem angestrebten Abstraktionsniveau liegen!

Z2.4 Nimm theoretische Vorannahmen bei Zweifelsfällen zu Hilfe!

Z3: Erste Reduktion

Z3.1 Streiche bedeutungsgleiche Paraphrasen innerhalb der Auswertungseinheiten!

Z3.2 Streiche Paraphrasen, die auf dem neuen Abstraktionsniveau nicht als wesentlich inhaltstragend erachtet werden!

Z3.3 Übernehme die Paraphrasen, die weiterhin als zentral inhaltstragend erachtet
werden (Selektion)!

Z3.4 Nimm theoretische Vorannahmen bei Zweifelsfällen zu Hilfe!

Z4: Zweite Reduktion

Z4.1 Fasse Paraphrasen mit gleichem (ähnlichem) Gegenstand und ähnlicher Aussage zu einer Paraphrase (Bündelung) zusammen!

Z4.2 Fasse Paraphrasen mit mehreren Aussagen zu einem Gegenstand zusammen
(Konstruktion/Integration)!

Z4.3 Fasse Paraphrasen mit gleichem (ähnlichem) Gegenstand und verschiedener
Aussage zu einer Paraphrase zusammen (Konstruktion/Integration)!

Z4.4 Nimm theoretische Vorannahmen bei Zweifelsfällen zu Hilfe!

Anhang B: E-Mail zur Terminvereinbarung eines Telefoninterviews

Sehr geehrte(r) Herr/Frau *<Name des(r) Experten(in)>*,

im Rahmen meiner Diplomarbeit analysiere ich das Auftreten von potenziellen Problemsituationen bei der Einführung von Service-orientierten Architekturen (SOA).

Die Diplomarbeit wird am Lehrstuhl für Wirtschaftsinformatik, insbesondere Systementwicklung, unter der Leitung von Herrn Prof. Dr. Werner Mellis an der Universität zu Köln geschrieben.

Eine Identifizierung und Klassifizierung von Problemsituationen bei der Einführung einer SOA ist in der Literatur bisher nicht umfassend dargestellt.

Die mangelnde Beschreibung potenzieller Problemsituationen in der Literatur motiviert daher diese Studie im Rahmen meiner Diplomarbeit.

Sie wurden als SOA-Experte identifiziert, weil Sie *<mit Ihrem Artikel ABC in XYZ / mit Ihrer Teilnahme am SOA-Forum/SOA-Kongress 200x>* einen wertvollen Beitrag geleistet haben und über langjährige Erfahrung auf dem Gebiet der SOA verfügen.

Ich würde mich sehr freuen, wenn Sie sich zur Teilnahme an einem Telefoninterview bereit erklären würden. Die Dauer des Telefoninterviews wird in etwa 45 bis 60 min betragen.

Alle Daten und Angaben werden

- unter Wahrung der datenschutzrechtlichen Bestimmungen wissenschaftlich ausgewertet
- selbstverständlich anonymisiert und
- nicht an Dritte weitergegeben.

Als möglichen Termin für das Telefoninterview schlage ich einen der folgenden Tage vor. Bitte teilen Sie mir sowohl Ihre Präferenz als auch Ihre gewünschte Uhrzeit mit.

- *<1. Terminvorschlag>*
- *<2. Terminvorschlag>*
- …

Sollten Sie Fragen zur Studie haben oder wünschen Sie weitere Auskunft, stehe ich Ihnen selbstverständlich jederzeit gerne zur Verfügung.

Ansprechpartner und Interviewer: Patrick Zöller

E-Mail: patrick@patrick-zoeller.de

Mobil: 0178 / 5960 xxx

Auf Wunsch kann nach Abschluss der Studie das Gesamtergebnis mitgeteilt werden.

Ich bedanke mich recht herzlich bei Ihnen und würde mich sehr freuen, wenn Sie Ihren wissenschaftlichen Beitrag zum Themengebiet der SOA leisten würden.

Vielen Dank für Ihre Unterstützung!

Mit freundlichen Grüßen

Patrick Zöller

Anhang C: Interviewleitfaden

UNIVERSITÄT ZU KÖLN

LEHRSTUHL FÜR
WIRTSCHAFTSINFORMATIK
SYSTEMENTWICKLUNG
Direktor: Univ.-Prof. Dr. Werner Mellis

Lehrstuhl für Wirtschafsinformatik der Universität zu Köln
Prof. Dr. W. Mellis, Albertus-Magnus-Platz, 50923 Köln

Patrick Zöller

Tel.: +49 (0) 178 5960 xxx
E-Mail: patrick@patrick-zoeller.de

Version 1.3 (19.12.2006)

Expertenbefragung im Rahmen der Diplomarbeit:

Klassifizierung und Analyse von Problemsituationen bei der Einführrung einer Service-orientierten Architektur

- Interviewleitfaden -

Gesprächspartner: _____ (wird später anonymisiert)

Kontakt durch: _____

Interviewer: _____

Datum: _____

Gesprächsdauer: von _____ Uhr bis _____ Uhr

Inhalt

1. Vorstellung des Interviewers   (5 Minuten / Summe: 5 Minuten)

- Dank für die Bereitschaft zur Teilnahme
- Vorstellung meiner Person (Name, Studiengang Wirtschaftsinformatik, Diplomarbeitsthema, evtl. weitere Hintergrundinformationen)
- Befragten die Möglichkeiten gewähren, sich selbst vorzustellen

2. Organisatorisches   (5 Minuten / 10 Minuten)

2.1 Vorstellung des geplanten Gesprächsverlaufs

- Dauer des Gesprächs (max. 60 Minuten)
- Anmerkungen und Fragen können jederzeit gestellt werden
- Geplanter Verlauf des Gesprächs:
  - Einleitungsphase (*keine Aufzeichnung*)
  - 4 Blöcke:
    - Block A: Einschätzung von SOA (*Aufzeichnung*)
    - Block B: Bestimmung und Beschreibung des SOA-Projekts (*Aufzeichnung*)
    - Block C: Erhebung der Problemsituation (*Aufzeichnung*)
    - Block D: Information zur Person und Unternehmen (*keine Aufzeichnung, nur Protokollierung*)
  - Gesprächsabschluss (*keine Aufzeichnung*)

2.2 Zur Protokollierung des Gesprächs

- Ein wesentlicher Teil des Gespräches soll aufgezeichnet werden. Dies dient der späteren Auswertung der vom Experten genannten Problemsituationen bei der Einführung einer SOA.
- Informationen zum Datenschutz:
  - Alle Daten und Angaben werden:
    - unter Wahrung der datenschutzrechtlichen Bestimmungen wissenschaftlich ausgewertet,
    - selbstverständlich anonymisiert und
    - nicht an Dritte weitergegeben.
    - → Zusicherung der vertraulichen Behandlung der Aufzeichnung
  - Eine etwaige Dokumentation der Interviews erfolgt anonymisiert, d. h. Namen von Personen und Klienten werden nicht protokolliert.

2.3 Zur Methode der qualitativen Auswertung

- Kurz vorstellen, wenn Befragter Interesse bekundet

2.4 Sonstiges / Hinweise

- Auf Wunsch kann nach der Studie das Gesamtergebnis mitgeteilt werden.
- Während des Gesprächs hat der Experte die volle Kontrolle:
  - Abstimmung, wann das Gerät eingeschaltet wird
  - Aufzeichnung kann auf Wunsch jederzeit unterbrochen werden
- Lediglich die zentralen Gesprächsabschnitte werden aufgezeichnet. Die Aufzeichnung betrifft damit lediglich Ihre Aussagen zu den Problemsituationen.
- Darf das Gespräch aufgezeichnet werden?

3. Begriffliche und konzeptionelle Grundlagen   (5 Minuten / 15 Minuten)

- Gemeinsame Verständigung auf zentrale Begriffe
- Einigung über den weiteren Gesprächsgegenstand
- Wahrscheinlich verwendet der Experte in seinem beruflichen Alltag andere Begriffe, die teilweise sogar treffender bzw. geeigneter erscheinen können. Für die Studie ist daher eine kurze Einigung auf die zentralen Begriffe unabdingbar.

!!! DAS TONBAND WIRD EINGESCHALTET !!!

4. Einschätzung von SOA   (5 Minuten / 20 Minuten)

4.1 Verständnis von SOA

- SOA als fachlich getriebener Ansatz (Managementkonzept) oder technologieorientiertes Konzept (Software-/Systemarchitektur)?

4.2 Potenziale von SOA

- Einschätzung des Potenzials von SOA und Weiterentwicklungen?

5 Bestimmung der Projekte (max. 2)   (5 Minuten / 25 Minuten)

5.1 Identifikation eines SOA-Projekts

- Wichtig:
  - o Es muss ein SOA-Projekt sein
  - o Es sollten typisierende oder signifikante Problemsituationen aufgetreten sein
  - o Es muss abgeschlossen sein
  - o Es sollte dennoch möglichst aktuell sein

5.2 Rolle im Projekt

- Welche Rolle / Funktion wurde vom Experten eingenommen?

5.3 Beschreibung des Projekts

- Scope des Projekts
- Darlegung des Projektziels in 2-3 Sätzen
- Beschreibung des Projekts in 3-4 Sätzen

5.4 Eingesetzte Technologien

- Welche Technologien bzw. Produkte wurden eingesetzt?
- Welche Standards bzw. Protokolle wurden verwendet?
- Warum wurden diese Technologien bzw. Produkte eingesetzt?

5.5 Evtl. noch ein weiteres Projekt

6. Erhebung und Identifikation der Problemsituation (25 Minuten / 50 Minuten)

6.1 Problemsituationen im Kontext des Projekts

- Identifizierung der Problemsituationen
- Offener Rahmen
- Experten zur freien Rede animieren und möglichst viel Freiraum und Gesprächsanteile zusichern

6.2 Evtl. Erhebung weiterer Problemsituationen

- Ablauf analog wie 6.1, hier jedoch losgelöst vom konkreten Projekt

7. Weitere Punkte (ebenfalls freie Rede)

!!! DAS TONBAND WIRD AUSGESCHALTET !!!

8 Fragen zur Person und Erfahrungshintergrund   (5 Minuten / 55 Minuten)

8.1 Erfahrungshintergrund des Experten

1) In welcher Rolle / Funktion / Position arbeiten Sie in Ihrem Unternehmen / Organisation?

2) In welche Branche würden Sie Ihr Unternehmen einordnen?

3) Wie viele Jahre / Personenmonate Berufserfahrung haben Sie bereits im IT-Bereich?

4) Wie viel Jahre / Personenmonate Berufserfahrung haben Sie mit SOA?

8.2 Hintergrundinformation zur Organisation

1) Wie groß ist Ihr Unternehmen in Bezug auf Mitarbeiterzahl und Jahresumsatz

		Ist ihr Unternehmen Teil
☐ 1-10 MA	☐ < 2 Mio. € Umsatz	einer Organisation mit mehr
☐ 11 – 50 MA	☐ ≤ 10 Mio. € Umsatz	als 250 Mitarbeitern und
☐ 51 – 250 MA	☐ ≤ 50 Mio. € Umsatz	mehr als 50 Mio. € Umsatz?
☐ > 250 MA	☐ > 50 Mio. € Umsatz	☐ Ja
		☐ Nein

9. Gesprächsabschluss   (5 Minuten / 60 Minuten)

- Wie wurde das Interview, insbesondere im Hinblick auf die Befragungsmethodik, empfunden?
- Erläuterung der nächsten Schritte
  - Bereitschaft, für Rückfragen bereitzustehen (z. B. um Bezeichnungen abzustimmen, Gruppierungen, Schlussfolgerungen und sonstige Interpretation der Ergebnisse zu kontrollieren).
- Besteht Interesse am Gesamtergebnis der Studie?
- Wünsche, Anregungen oder Kritik zum Verlauf des Interviews?
- Sonstige Statements?
- **Nochmals Dank für die Unterstützung und für die Bereitschaft zur Teilnahme an der Studie aussprechen!**

Anhang D: Transkriptionen der Interviews

Die Transkriptionen der Interviews liegen sowohl in elektronischer Form als auch in ausgedruckter Form im Diplomarbeitsordner dieser Arbeit im Archiv des Lehrstuhls für Wirtschaftsinformatik, insbesondere Systementwicklung, an der Universität zu Köln vor und können nach vorheriger Absprache mit dem Autor dieser Arbeit oder mit Herrn Dipl.-Informatiker Lars Haferkamp eingesehen werden. In Einzelfällen können diese nach Darlegung eines Grundes ausgehändigt werden.

Die elektronische Form der Transkriptionen umfasst 8 Dateien im pdf-Format. Die Bezeichnung der Dateien lautet wie folgt:

`Transkription_Interview_<x>.pdf.` Das *<x>* ist durch die entsprechende Interviewnummer zu ersetzen.

Anschrift des Lehrstuhls:

Lehrstuhl für Wirtschaftsinformatik

Systementwicklung an der Universität zu Köln

Prof. Dr. Werner Mellis

Albertus-Magnus-Platz

50923 Köln

Anhang E: Einzelauswertung der Interviews

E.1: Interview 1

Frage	Nr.	Zeile	Paraphrasierung	Generalisierung	Reduktion
Potenzial von SOA	1	6	SOA wird sich in Zukunft weiter durchsetzen	SOA hat Zukunft	PO1: SOA hat Zukunft: - liefert Ansatz, monolithische Systeme aufzulösen (1;3)
	2	7	SOA ist nicht Lösung für alle Probleme	*vage*	
	3	9-10	SOA liefert Ansatz, monolithische Systeme aufzustückeln	SOA liefert Ansatz, monolithische Systeme aufzulösen	
	4	11-13	SOA hat sich stabilisiert und ist in einem Stadium, wo man produktiv rangehen kann	SOA hat stabiles Stadium erreicht	PO2: SOA hat Marktreife erreicht: - stabiles Konzept - grundsätzliches Konzept ist etabliert (4;5;9)
	5	14	SOA kommt in den „Mainstream rein"	SOA erreicht Marktreife	
	6	18	keine Ahnung was in 10-15 Jahren sein wird	*vage*	
	7	18-19	Dinge werden sich wohl weiterentwickeln	Weiterentwicklungen denkbar	PO3: Weiterentwicklungen sind denkbar (7;8)
	8	19-20	Standards werden sich weiterentwickeln	~~Weiterentwicklungen denkbar~~	
	9	21-22	am grundsätzlichen Konzept wird sich in naher Zukunft nichts ändern	grundsätzliches Konzept ist etabliert	
Einschätzung der SOA	1	25	SOA ist sowohl fachlich getriebener Ansatz als auch technologieorientiertes Konzept	SOA ist beides: fachlich getriebener Ansatz und technologieorientiertes Konzept	E1: SOA reflektiert beides: - fachlich getriebener Ansatz und technologieorientiertes Konzept - mit steigender Tendenz zum fachlich Getriebenen (1;2)
	2	25-26	im Vergleich zur Vergangenheit deutlich mehr fachlich getrieben als technologieorientiert	Heute: deutlich mehr fachlich getrieben als technologieorientiert	
Problemsituationen	1	48-50	Überblick geht verloren, weil mehrere hundert Services über verschiedene Applikationen verteilt	Gesamtüberblick geht verloren: - Services sind über verschiedene Applikationen verteilt	PS1: Verlust des Gesamtüberblick: - Services sind über verschiedene Applikationen verteilt (1)
	2	50-51	feste Zuordnung Projektteam zu Applikation (bestimmt welche neuen Services entwickelt werden)	Zuordnung Projektteam zu Applikation bedingt Abhängigkeiten	PS2: bestehende Abhängigkeiten: - Zuordnung Projektteam zu Applikation - kein Mapping zwischen Service und Applikation - Abhängigkeiten zwischen Entwickler - erhöhte Komplexität (2;8;9;23;24)

3	52-53	Projektteams kommunizieren nicht miteinander	keine Kommunikation zwischen Projektteams	PS3: keine oder mangelnde Kommunikation: - zwischen Projektteams - erhöhter Kommunikationsaufwand für Entwickler (3;6;19,22)
4	53-54	aufgrund mangelnder Kommunikation werden Services doppelt entwickelt	Services werden doppelt entwickelt aufgrund mangelnder Kommunikation	PS4: Services werden doppelt entwickelt: - aufgrund mangelnder Kommunikation (4)
5	56	setzen von falschen Prioritäten	falsche Prioritäten gesetzt	PS5: ungeeignete Vorgehensweise zur Festlegung der Prioritäten (5)
6	58-60	outsourcen der Serviceentwicklung führt zu Kommunikationsproblemen	~~Kommunikationsprobleme~~	
7	61-63	keine gemeinsames Service-Repository, das zentral sämtliche SOA-Artefakte abspeichert	keine gemeinsames Service-Repository	PS6: kein gemeinsames oder mangelndes Service-Repository (7)
8	64-65	dadurch auch nicht in der Lage, die Abhängigkeiten von einem Service zur Applikation, die durch alle Ebenen durchreicht, abzubilden	kein Mapping der Abhängigkeiten zwischen Service und Applikation	
9	71-73	Beschreibung der Abhängigkeiten - Top-down und Bottom-up - ist schwierig	Beschreibung der Abhängigkeiten ist schwierig	
10	88-89	bestehende (SOA-)Infrastruktur	vorhandene Infrastruktur	PS7: vorhandene Infrastruktur: - heterogene Systemlandschaft - verschiedene Komponenten unterschiedlicher Hersteller (10;11)
11	91-93	Komponenten einer SOA von verschiedenen Herstellern (Mix von allem, Heterogenität)	hohe heterogene Systemlandschaft: - verschiedene Komponenten einer SOA	
12	143-145	SOA-Governance betreiben ist wie Versionskontrolle zu betreiben	keine vernünftige Versionskontrolle	PS8: keine geeignete Versionskontrolle (12)
13	148	Entwickler wollen durch SOA-Governance nicht behindert werden	*vage*	
14	148-149	Entwickler wollen in ihrer Freiheit nicht eingeschränkt werden	*vage*	
15	151-154	SOA-Governance bedeutet Kontrolle, d. h. Einschränkung der Entwickler wegen Einhaltung bestimmter Standards	*vage*	

16	154-156	mangelndes Verständnis für die Nutzung von den SOA-Tools	mangelndes Verständnis: - für Nutzung von SOA-Tools	PS9: mangelndes Verständnis: - für die Nutzung von SOA-Tools - Tools sind zu komplex (16;21)
17	157-159	Business (Geschäftsleitung) steht nicht hinter Governance, keiner hält sich dran	keine oder mangelnde Unterstützung für SOA - seitens Entscheidungsträger (Management) - seitens Entwickler	PS10: keine oder mangelnde Unterstützung für SOA: - seitens Entscheidungsträger (Management) - seitens Entwickler (17;18)
18	164-165	mangelnde Unterstützung von Businessentscheidung des Management bis zum Entwickler	~~mangelnde Unterstützung für SOA~~	
19	165-166	keine klare Message, die jeder versteht, um die richtigen Werkzeuge einzusetzen	~~Kommunikationsprobleme~~	
20	167-168	Einschränkung des Entwicklers	*vage*	
21	168-171	Riesentoolset, das keiner nutzen kann und nur komplex ist	Tools sind zu komplex	
22	182-184	Services, die in unterschiedlichen Applikationen zur Verfügung gestellt werden, bedeutet für den Entwickler erhöhten Kommunikationsaufwand	erhöhter Kommunikationsaufwand	
23	185-186	Arbeit des einzelnen Entwickler hat sehr hohen Einfluss auf die Arbeit anderer	Abhängigkeiten zwischen Entwicklern	
24	186-187	Stücke bei Services werden kleiner --> gesharte Funktionalität wird größer --> Abhängigkeiten werden größer --> Komplexität wird größer	Abhängigkeiten und Komplexität werden größer	
25	204-205	Anfragen von Kunden	*vage; irrelevant*	

E.2: Interview 2

Frage	Nr.	Zeile	Paraphrasierung	Generalisierung	Reduktion
Einschätzung der SOA	1	5-6	SOA ist technologieorientiertes Konzept mit Auswirkungen im fachlichen Ansatz	SOA ist technologieorientiertes Konzept mit Auswirkungen im fachlichen Ansatz	E1: SOA ist technologie-orientiertes Konzept mit Auswirkungen im fachlichen Ansatz (1)
	2	6-7	SOA ist neues Herangehen an Projekte	SOA ist neue Herangehensweise an Projekte	E2: SOA ist neuer Ansatz (2)
	3	7-9	Projekt nur zum Zweck der SOA ist nicht sinnvoll, es sollte als Herangehensweise bewertet werden	*vage*	
Potenzial von SOA	1	16-17	Ansatz hat hohes Potenzial	SOA-Ansatz hat hohes Potenzial	PO1: SOA hat hohes Potenzial: - Ansatz Architekturen flexibel zu gestalten - schnellere Reaktion auf fachliche Anforderungen und Veränderungen (1;2;3)
	2	17-18	es gibt entscheidende Möglichkeiten Architektur flexibel aufzubauen	neue Möglichkeiten, flexible Architekturen zu gestalten	
	3	18-20	IT-Architektur flexibel aufzubauen bedeutet besser den fachlichen Anforderungen und Veränderungen gerecht zu werden	bessere und schnellere Reaktion auf fachliche Anforderungen und Veränderungen	
	4	24-26	Gedanke einer Service-orientierten Architektur existiert schon länger: vorher Objektorientierung, jetzt Serviceorientierung	historische Entwicklung: früher Objektorientierung, heute Serviceorientierung	PO2: historische Entwicklung: - früher Objektorientierung - heute Serviceorientierung (4)
	5	28-29	SOA wird sich weiterentwickeln, aber nicht grundlegend ändern in der nahen Zukunft	SOA wird sich weiterentwickeln; grundlegendes Konzept bleibt aber erhalten	PO3: SOA wird sich weiterentwickeln, grundlegendes Konzept bleibt aber erhalten (5)
Problemsituationen	1	122-127	unzureichende Prozessdefinitionen ist schwierigste Sache (Unternehmen kennt Prozess nur im Groben und Ganzen)	unzureichende Prozessdefinitionen: - Unternehmen kennt Prozess nur im Groben und Ganzen - veränderte Prozesse werden nicht protokolliert - aktueller Stand der Prozesse ist nicht dokumentiert	PS1: unzureichende Prozessdefinitionen: - Unternehmen kennt Prozess nur im Groben und Ganzen - veränderte Prozesse werden nicht protokolliert - aktueller Stand der Prozesse ist nicht dokumentiert (1;3;4)
	2	130-131	bei Neudefinitionen ist es einfacher, hier hat man das Problem alle Parteien an einen Tisch zu bekommen	alle Parteien an einen Tisch zu bekommen	PS2: fehlende Unterstützung (Commitment): - aller Abteilungen - mangelnde Zusammenarbeit der Abteilungen - kein internes Commitment bei Sponsoren (2;5;11)

3	132-133	vorhandene Prozesse zu definieren, die einfach gelebt werden, sich verändert haben und diese Veränderungen wurden nicht dokumentiert	~~unzureichende Prozessdefinitionen~~	
4	134-136	man hat selten den aktuellsten Stand der Prozesse, die im Unternehmen laufen	~~unzureichende Prozessdefinitionen~~	
5	140-144	mangelnde Zusammenarbeit der einzelnen Bereiche, denn wegen des Prozessgedanken muss man verschiedene Abteilungen einbinden	mangelnde Zusammenarbeit der Abteilungen, denn Prozessgedanke fordert das Einbringen der Abteilungen	
6	144-146	Denkweise ist oft budgetgetrieben in den Abteilungen; Investition nur in abteilungsnahe Projekte	Interessenkonflikte - schädigende Denkweise - budgetgetrieben in den Abteilungen - Investition nur in abteilungsnahe und -relevante Projekte	PS3: Interessenkonflikte: - schädigende Denkweise - budgetgetrieben in den Abteilungen - Investition nur in abteilungsnahe und -relevante Projekte (6)
7	146	keine Sicht auf die globalen Zusammenhänge	keine Sicht auf globale Zusammenhänge	PS4: keine Sicht auf globale Zusammenhänge (7)
8	151-161	verschiedene Abteilungen bringen sich nicht ein (Wiederverwendbarkeit von bereist existierenden Services ist nicht gewährleistet, doppelte Entwicklung)	verschiedene Abteilungen bringen sich nicht ein: - doppelte Entwicklungen von Service - keine Wiederverwendbarkeit gewährleistet	PS5: mangelnde Kommunikation und Abstimmung: - Abteilungen bringen sich nicht ein (redundante Entwicklungen von Service, keine Wiederverwendbarkeit gewährleistet) (8;12)
9	165-167	nicht SOA-spezifisch: bestimmte Absprachen werden nicht eingehalten (bedeutet Zeitverzug)	*nicht SOA-spezifisch*	
10	190-191	SOA-Projekt nicht von Projektmanagementseite vernünftig gemanagt	unerfahrenes Projektmanagement	PS6: mangelnde Erfahrung auf Projektmanagementebene mit SOA (10)
11	191-193	Commitment bei den Sponsoren ist intern nicht vorhanden	kein internes Commitment bei den Sponsoren	
12	199	mangelnde Kommunikation und Abstimmung	mangelnde Kommunikation und Abstimmung	
13	199-201	Services haben eventuell erwartete Schnittstelle, aber führen nicht erwartete Aktion aus	Services haben vereinbarte und wohldefinierte Schnittstelle, aber nicht erwartete Funktionalität	PS7: Abweichung zwischen Schnittstellenbeschreibung und Serviceimplementierung (13)
14	209-211	nicht SOA-spezifisch: wechselnde Anforderungen sind immer ein Problem	*nicht SOA-spezifisch*	
15	212-214	mangelnde Analyse der anzubindenden Applikationen	mangelnde Analyse der anzubindenden Applikationen	PS8: mangelnde Analyse: - der anzubindenden Applikationen (15)

	16	218-219	man kann nicht so flexibel gestalten wie nötig, das ist mehr ein Idealzustand	Flexibilität nicht gewährleistet	PS9: Flexibilität und Austauschbarkeit ist nicht gewährleistet (16;17;18;21)
	17	221-229	Austauschbarkeit ist nicht gegeben, wenn Komponente / Service ausgetauscht werden, darf die Funktionalität nicht gefährdet sein	Austauschbarkeit ist nicht gegeben	
	18	232-234	man ist nicht so flexibel wie von den Analysten beschrieben	~~Flexibilität nicht gewährleistet~~	
	19	233-235	Verantwortung liegt beim Architekten und denen, die Design umsetzen	Verantwortung liegt beim Architekten und Design	PS10: Beschreibung der Verantwortlichkeiten (19)
	20	235-237	SOA bringt keine Mechanismen, um das Design richtig zu machen	unrealistische Erwartungshaltung	PS11: unrealistische Erwartungshaltung an SOA (20)
	21	244-245	Services sind nicht austauschbar, wenn man verschiedene Backendsysteme hat	~~Austauschbarkeit ist nicht gegeben~~	
	22	251-253	keine einheitliche Definition einer SOA	keine einheitliche Terminologie in der SOA-Welt	PS12: keine einheitliche Terminologie in der SOA-Welt (22)
	23	254-256	fehlende Mechanismen, um eine vernünftige Architektur aufzustellen, um vernünftige SOA-Implementierung zu realisieren	fehlende Vorgehensmodelle	PS13: fehlende Vorgehensmodelle (23,24)
	24	260-262	fehlende Methodologien und Konzepte der besten Herangehensweise, um Resultat zu erzielen	fehlende Methodologien und Konzepte	
	25	268-270	es reicht nicht nur Services bereitzustellen, sondern auch sinnvolle Orchestrierung - Anreihung der Services	sinnvolle Orchestrierung der Services ist unklar	PS14: fehlende Tools: - zur sinnvollen Orchestrierung der Services (25)

E.3: Interview 3

Frage	Nr.	Zeile	Paraphrasierung	Generalisierung	Reduktion
Einschätzung der SOA	1	7	SOA ist tatsächlich beides (sowohl fachlich getriebener Ansatz als auch technologieorientiertes Konzept)	SOA ist beides: fachlich getriebener Ansatz und technologieorientiertes Konzept	E1: SOA reflektiert beides: - fachlich getriebener Ansatz und technologie-orientiertes Konzept (1;2)
	2	7-8	Veröffentlichungen und Vorträge bestätigen: Beides muss zusammenkommen, wenn als strategische Initiative	beides muss zusammenkommen	
	3	10-15	wenn als strategische Initiative im Unternehmen, dann mit der Verantwortlichkeit der Fachseite des Business für SOA Bedeutung beimessen	Verantwortlichkeit der Fachseite für SOA	E2: Verantwortung liegt auf der Fachseite (3)
	4	14-15	Technik muss hinzupassen, daher beides sinnvoll	Technik muss sinnvoll unterstützen	E3: Technik als Unterstützung (4)
	5	17-20	wenn taktisch zum Erfahrung sammeln, dann durchaus eher von der Technikseite zu betreiben	*vage*	
	6	23-26	nur fachlich getrieben geht naturgemäß eher nicht, denn man braucht jemand, der die Technik versteht	*fehlender Bezug*	
	7	33-35	es hat viel mit Analyse und Design zu tun, ob SOA-fähiges System hinterher rauskommt	*fehlender Bezug*	
Potenzial von SOA	1	40	Potenzial von SOA in der Zukunft ist sehr bedeutend	SOA hat hohes Potenzial	PO1: SOA hat Potenzial: - Trend mit Nachhaltigkeit - prägt auch die Entwicklung von Anwendungssystemen - Konzept mit Substanz - langfristiger Lebenszyklus (1;2;3;6;7;9;11)
	2	41-43	SOA als wirklicher, großer Trend, der langfristig Nachhaltigkeit erzielen wird	SOA ist Trend mit Nachhaltigkeit	
	3	44-45	SOA als Trend wird auch Art und Weise der Entwicklung von Anwendungssystemen sehr stark prägen - in den kommenden 10 bis 15 Jahren	SOA wird auch die Entwicklung von Anwendungssystemen prägen	
	4	45-46	SOA ist einerseits Hypethema, andererseits aber mit großer Substanz	SOA ist zwar Hypethema, aber mit Subtanz	PO2: Vergleich mit Hypekurve nach Gartner: - im Bereich der Hypephase - langfristiger Lebenszyklus - in 3-5 Jahren auf Plateau of Productivity (4;5;6;7;9;11)
	5	46-53	Vergleich mit Hypekurve von Gartner (inflated expectations am Anfang, Desillusionierung, Tal der Tränen, Plateau of productivitia	Vergleich mit Hypekurve von Gartner	

114

	6	57-59	SOA ist im Bereich der großen Hypephase, wo sich aber schon wesentlich Subtanz herauszubilden beginnt	SOA ist im Bereich der Hypephase, aber mit Subtanz	
	7	59-67	SOA hat einen langfristigen Lebenszyklus und wird sich in 3-5 Jahren auf dem Plateau of Productivity nach Gartner befinden	SOA hat langfristigen Lebenszyklus, in 3-5 Jahren auf Plateau of Productivity nach Gartner	
	8	74-76	SOA wird sich weiterentwickeln oder es wird sogar was Neues geben	SOA wird sich weiterentwickeln; vielleicht auch was Neues	PO3: Weiterentwicklungen oder Nachfolgegeneration wird es bestimmt geben (8;10)
	9	87-91	SOA wird auch wieder einen Lebenszyklus von etwa 15 Jahren haben bis zur Nachfolgegeneration (Vergleich mit den Entwicklungen der Vergangenheit)	SOA wird Lebenszyklus von 15 Jahren haben (analog zu Entwicklungen der Vergangenheit)	
	10	96	nach SOA wird auch wieder was kommen	nach SOA wird wieder was Neues sein	
	11	99-100	SOA wird noch lange weitergenutzt	~~SOA hat langfristigen Lebenszyklus~~	
Problemsituationen	1	59-61	fehlende Bausteine, die in 3-5 Jahren wahrscheinlich besetzt sein werden	fehlende Bausteine	PS1: fehlende funktionale Bausteine: - funktionaler „Gap" (z. B. Orchestrierung der Services) (1;2;22;23;24)
	2	235-237	Orchestrierung der Services ist in den nächsten 2 bis 3 Jahren ein weiter zu spezifizierender „Gap"	weiter zu spezifizierender „Gap": Orchestrierung der Services	
	3	316-317	Know-how-Aufbau bei allen Beteiligten	mangelndes Know-how: - bei allen Beteiligten	PS2: mangelndes Know-how / Kenntnis: - bei allen Beteiligten - mangelnde Ausbildung - mangelnde Erfahrung (Partner an der Seite) - auch beim Kunden - mangelnde theoretische Fundierung der Mitarbeiter - gestiegene Anforderungen an Mitarbeiter in der Anwendungsentwicklung - Ausbildungsvoraussetzungen der Entwickler ist an Grenzen gestoßen - höherer Bedarf an Mitarbeiter mit akademischen Background - mangelnder Ausbildungsbackground der Mitarbeiter (3;5;6;7;10;11;12;13;14;15)
	4	321-323	bestimmte Grundsätze des Designs, der Architektur und der Handhabung der umsetzenden Technologien müssen erst einmal erlernt werden	mangelnde Kenntnis über: - bestimmte Grundsätze des Designs - der Architektur - der umzusetzenden Technologien	PS3: mangelnde Technologiebeherrschung: - über bestimmte Grundsätze des Designs, der Architektur, der umzusetzenden Technologien (4;20)
	5	326	Investition in Ausbildung und Know-how-Aufbau	mangelnde Investition in Ausbildung	
	6	328-330	Partner an der Seite haben mit Erfahrung	mangelnde Erfahrung (Partner an der Seite)	

7	346-347	Kunde muss eigentlich das Know-how im ähnlichen Umfang aufbauen	mangelndes Know-how: - beim Kunden	
8	347-348	fehlender Change-Management-Prozess in den Strukturen des Kunden	fehlender Change-Management-Prozess: - in den Strukturen des Kunden	PS4: mangelndes Change-Management: - in den Strukturen des Kunden (8)
9	349-351	bei Schlüsselfertigprojekten, die in Auftrag gegeben und hinterher nur betrieben werden, ist Change-Management in dem Maße nicht erforderlich	*vage*	
10	364	theoretische Fundierung der involvierten Mitarbeiter	mangelnde theoretische Fundierung der Mitarbeiter	
11	364-366	Anforderungen an Mitarbeiter in der Anwendungsentwicklung wächst kontinuierlich	gestiegene Anforderungen an Mitarbeiter in der Anwendungsentwicklung	
12	374-377	Ausbildungsvorrausetzungen, der an solchen Projekten beteiligten Entwickler ist an Grenzen gestoßen	Ausbildungsvorraussetzungen der Entwickler ist an Grenzen gestoßen	
13	378-379	Leute mit akademischen Background im Bereich Ingenieurwissenschaften und Informatik werden benötigt	höherer Bedarf an Mitarbeiter mit akademischen Background	
14	383-385	in den Firmenstrukturen haben Mitarbeiter nicht alle diesen Ausbildungsbackground	mangelnder Ausbildungsbackground der Mitarbeiter	
15	392-393	einer ohne entsprechende Ausbildung ist auch nur beschränkter einsetzbar	~~mangelnde Ausbildung~~	
16	400-403	neue Technologien sind sehr ressourcenhungrig, führt dazu, dass man am Anfang zunächst einen Performance-Downgrade erlebt	am Anfang Performance-Downgrade weil Technologien ressourcenhungrig sind	PS5: Performance-Downgrade / Limitationen einer neuen Technologie: - neue Technologien sind ressourcenhungrig - mangelnde Erfahrung damit umzugehen - Ressourcen und Performance (Responsetime, Durchsatz) sind kritische Erfolgsfaktoren (16;17;18;19;21;23)
17	403-406	mangelnde Erfahrung mit diesem Performance-Downgrade umzugehen; man muss verstehen, welche Maßnahmen ergriffen werden können (Tuning erlernen muss)	mangelnde Erfahrung und Maßnahmen mit diesem Performance-Downgrade umzugehen	
18	406-409	Ressourcen und Performance sind relevante Themen	Ressourcen und Performance sind kritische Erfolgsfaktoren	
19	411	Performance meint weniger Stabilität als tatsächlich Responsetime und Durchsatz	Performance beinhaltet Responsetime und Durchsatz	
20	437-438	wesentliche Herausforderungen sind Know-how und Technologiebeherrschung	mangelndes Know-how: - Technologien werden noch nicht beherrscht	
21	439-440	Limitationen einer neuen Generation, die sich in den Themen: Performance und Durchsatz niederschlägt	Limitationen einer neuen Technologiegeneration: - Performance und Durchsatz	

22	441-443	am Anfang auch funktionale Gaps, man muss Lücken schließen, die ein „junger" Standard noch nicht sauber definiert hat, die man aber von ausgereiften Systemen der Vorgängergeneration als selbstverständlich angenommen hat	funktionale „Gaps"	
23	446-448	neben dem Thema Performance, Responsetime und Durchsatz, gibt es funktionale Gaps dessen, was so eine Plattform leisten muss	~~Performance, Responsetime, Durchsatz~~	
24	453-455	Herausforderungen zu erkennen, wo diese Gaps liegen und sicherstellen, dass diese systematisch zentral gelöst werden und sich nicht jeder seine eigene Lösung ausdenkt	Erkennung der funktionalen Gaps: - keine systematisch zentrale Lösung	
25	462-463	in der Erwartungshaltung des Kunden gemessen gibt es negative Auswirkungen	in der Erwartungshaltung des Kunden gemessen gibt es negative Auswirkungen	PS6: unrealistische Erwartungshaltung (25)
26	517-520	fehlende pragmatische und iterative Vorgehensweise (Top-down versus Bottom-up-Ansatz)	fehlende pragmatische und iterative Vorgehensweise: - Top-down versus Bottom-up-Ansatz	PS7: keine geeignete Vorgehensweise: - fehlende pragmatische und iterative Vorgehensweise (Top-down vs. Bottom-up) - bisher keine Erfahrung - zu lange Projektlaufzeiten, daher Verifizierung kaum möglich (26;27;28;30)
27	523-524	erst einmal Erfahrungen sammeln und pragmatisch in übersichtlichen Teilprojekten vorgehen	mangelnde Erfahrung mit einer pragmatischen Vorgehensweise	
28	526-531	zu lange Projektlaufzeiten, dann keine Verifizierung möglich und keine Erfahrung	zu lange Projektlaufzeiten: - Verifizierung kaum möglich	
29	537-539	nur wenige Unternehmen können sich Top-down-Ansätze leisten (Banken und Versicherungen)	*vage*	
30	551-552	für Top-down Anätze braucht man viel Geld und langem Atem	ungeeignete Ansätze: - Top-down verbraucht Geld und dauert lange	

E.4: Interview 4

Frage	Nr.	Zeile	Paraphrasierung	Generalisierung	Reduktion
Einschätzung der SOA	1	5-6	der Treiber ist die Fachlichkeit, die unsere Kunden wollen	Fachabteilung ist Treiber	E1: Fachabteilung ist Treiber (1)
	2	8-9	weg von Anwendungsmodularitäten hin zur fachlichen Geschäftsprozessunterstützung	Wandel von der Anwendungsentwicklung zur fachlichen Geschäftsprozessunterstützung	E2: Wandel: - Entwicklung von der Anwendungsentwicklung zur fachlichen Geschäftsprozessunterstützung (2)
	3	11-12	operative Umsetzung ist letztendlich ein Stück weit fachliches Konzept	*vage*	
	4	14-15	zum anderen auch durch technologische Themen durch Standardisierung der Schnittstellen	*vage*	
Potenzial von SOA	1	28-30	SOA ist eine Zusammenfassung von sich am Markt etablierten Designelementen oder Vorgaben, die man im Design berücksichtigen sollte	SOA konsolidiert am Markt etablierte Designelemente	PO1: SOA konsolidiert am Markt etablierte Designelemente (1)
	2	30-32	„Wir haben quasi schon eine Service-Orientierung betrieben als es den Begriff SOA noch gar nicht gab"	*vage*	
	3	35-36	früher waren es andere Funktionen, heute ist es die Web Service-Technologie	*vage, fehlender Bezug*	
	4	64-65	irgendjemand wird sicher ein neues Buzzword erfinden	Weiter- bzw. Neuentwicklungen	PO2: Weiter- bzw. Neuentwicklungen (4)
Problemsituationen	1	69-71	Entwickler wollen eigentlich gar nicht die Komponente vom Kollegen aufrufen und sich abstimmen und sich in Meetings reinsetzen, komplexe Strukturen aufbauen	erhöhter Koordinations- und Abstimmungsaufwand bei den Entwicklern	PS1: erhöhter Koordinations- und Abstimmungsaufwand: - bei den Entwicklern - aufgrund komplexer Schnittstellen (1;2;3;4)
	2	71-73	Entwickler wollen keine komplexe Schnittstellen haben, dies erfordert Abstimmung	komplexe Schnittstellen fordern Abstimmung	
	3	78-79	Abstimmung mit dem halben Kolloquium, wenn etwas verändert wird	~~erhöhter Abstimmungsaufwand~~	
	4	83-85	Umgang mit den Schnittstellen, mit wem muss man sich abstimmen	~~Schnittstellen fordern Abstimmung~~	
	5	85-86	Dokumentation der Schnittstellen	mangelnde Dokumentation der Schnittstellen	PS2: mangelnde Beschreibung der Schnittstellen (5)
	6	93-95	SOA nimmt einem auch nicht ab, Daten semantisch und didaktisch eindeutig zu beschreiben	SOA erleichtert nicht, Daten semantisch und didaktisch eindeutig zu beschreiben	PS3: keine einheitliche semantische Beschreibung der Daten (6)
	7	135-136	SOA schützt uns nicht davor, dass wir Fehler machen	SOA verhindert keine Fehler	PS4: unrealistische Erwartungshaltung (7)

8	278-283	passendes Systemmanagement ist zum Teil noch gar nicht vorhanden oder nicht ausgereift	fehlendes passendes Systemmanagement	PS5: fehlende Tools (8;16)
9	283-286	Anwendungs- und Systemarchitektur miteinander verbinden, dass sicherer, stabiler, bezahlbarer und verfügbarer Betrieb gewährleistet ist	sicherer, stabiler und verfügbarer Betrieb ist nicht gewährleistet	PS6: Performance-Downgrade: - Stabilität - Verfügbarkeit - Sicherheit (9)
10	290-294	Entwicklungsarchitektur so zu verändern, dass man in der Lage ist, den Entwicklungsprozess durchzugehen: wer ruft wen auf, welcher Service muss bereitgestellt werden	mangelndes Service-Repository	PS7: mangelndes Service-Repository (10)
11	292-294	menschlicher Faktor: Human Risk, Mitarbeiter müssen das mittragen und verstehen	menschlicher Faktor: Mitarbeiter müssen das mittragen und verstehen	PS8: unzureichendes Commitment: - menschlicher Faktor (Mitarbeiter müssen das tragen) (11)
12	309-313	SOA hilft, bringt aber auch wieder andere Spannungsfelder, weil Mitarbeiter früher anders gearbeitet haben als im Organisationshandbuch und trotzdem erfolgreich waren	SOA bringt andere Spannungsfelder, weil Mitarbeiter neue Prozesse erlernen müssen	PS9: Change-Management: - SOA bringt neue, andere Spannungsfelder - Mitarbeiter müssen neue Prozesse lernen - kein Prozessdenken vorhanden - neue Herausforderung an das Management (12;13;15)
13	328-334	fachlich gelangt man in das Spannungsfeld, „reingrätschen" mit einer Geschäftsprozessunterstützung in das Spannungsfeld: Bsp. Kundenberater mit seinen eigenen Abläufen	~~SOA bringt andere Spannungsfelder, weil Mitarbeiter neue Prozesse erlernen müssen~~	
14	334-339	einer sagt: das ist eine schlechte Anwendung	Akzeptanzprobleme	PS10: Akzeptanzprobleme (14)
15	341-343	Management ein Stück weit anders gefordert als man das normal klassisch gewohnt ist	neue Herausforderung an das Management	
16	370	nicht passendes Systemmanagement	~~fehlendes passendes Systemmanagement~~	
17	381-385	so viel Fachlichkeit im Vergleich zum Releasezyklus, dass man das in der Kürze der Zeit nicht ändern kann	Flexibilität ist nicht gewährleistet	PS11: mangelnde Flexibilität (17)

E.5: Interview 5

Frage	Nr.	Zeile	Paraphrasierung	Generalisierung	Reduktion
Einschätzung der SOA	1	4-5	SOA braucht einen fachlichen Ansatz	SOA braucht fachlichen Ansatz	E1: SOA braucht fachlichen Ansatz (1)
	2	14-20	SOA hat Wandel in der Entwicklung vollzogen, am Anfang eher technologieorientiert, später die Erkenntnis, dass gewisse Businessansätze benötigt werden und sich dadurch ein besseres Verständnis der Businessbelange herauskristallisiert hat	SOA hat Wandel vollzogen (am Anfang eher technologieorientiert, später mehr am Business orientiert)	E2: SOA hat Wandel vollzogen: (anfangs eher technologieorientiert mit zunehmender Ausrichtung am Business) (2)
	3	26-28	mit SOA näher an das Business gerückt	~~SOA stärker am Business orientiert~~	
	4	27-30	SOA bietet dem Business eine Dienstleistung, die IT niemals in der Lage war, richtig umzusetzen	*vage*	
Potenzial von SOA	1	26-27	SOA noch näher am Business	SOA wird noch stärker am Business orientiert sein	PO1: SOA wird sich noch stärker am Business orientieren (1)
Problemsituationen	1	5-6	fachlicher Ansatz ist in den Köpfen derjenigen, die SOA anwenden, noch nicht sehr verbreitet	fachlicher Ansatz von SOA noch nicht etabliert	PS1: zu technische Betrachtung: - Wandel des Verständnisses mit SOA noch nicht etabliert - Technologie steht noch im Vordergrund - Entwickler denken noch anwendungsorientiert (1;2;19)
	2	6-7	SOA wird eher von der Technologieseite her gesehen, daher nur Lösungen, die kurzfristig etwas bringen, aber langfristig nicht das versprechen, was in der SOA immer genannt wird	SOA wird von der Technologieseite betrachtet	
	3	148-150	Technik ist eigentlich einfach in den Griff zu kriegen, obwohl Änderungen in kurzer Zeit, denn Mängel werden mit Releasewechsel behoben, zudem reger Wettbewerb	*vage*	
	4	157	Andererseits hohe Änderungsfrequenz in der Technik	hohe Änderungsfrequenz in der Technik	PS2: hohe Änderungsfrequenz der Technik (4;5)
	5	164-166	für SOA gilt: man kann nur sehr schwierig über technische Dinge reden, weil die sich alle naselang ändern	~~hohe Änderungsfrequenz in der Technik~~	

6	171-173	Servicedefinitionen nicht technologieunabhängig definiert	Servicedefinitionen nicht technologieunabhängig	PS3: ungeeignete Servicedefinitionen: - nicht technologieunabhängig - Trennung von Konzeption eines Services und seiner technischen Implementierung - fehlendes Modell der Services - unklare Servicedefinitionen - Servicedefinitionen erfüllen nicht die Businessanforderungen (6;11;13;35;37;39)
7	181-182	Dinge sind eng miteinander gekoppelt, eng gekoppelte Systeme lassen sich nur schwer ändern	enge Kopplung	PS4: enge Kopplung (7)
8	192-194	unterschiedliche Produkte miteinander integrieren, die nicht kompatibel sind	Produkte miteinander integrieren, die nicht kompatibel sind	PS5: bestehende Technologieabhängigkeit (8)
9	205-207	es ist schwierig, über ein Konzept zu reden, wenn man nicht eine konkrete Implementierung hat	*vage*	
10	207-208	Mitarbeitern fällt es schwer zu abstrahieren	mangelndes Abstraktionsvermögen der Mitarbeiter	PS6: mangelndes Abstraktionsvermögen: - der Mitarbeiter - mangelndes Modelldenken der Entwickler (10;15)
11	211-213	Trennung von Konzeption eines Services und seiner konkreten Implementierung	Trennung von Konzeption eines Services und seiner technischen Implementierung	
12	214	Abstraktionsvermögen könnte besser sein	~~mangelndes Abstraktionsvermögen der Mitarbeiter~~	
13	256-258	fehlendes Modell der Servicelandschaft, damit die Funktionalität, die vom Business gefordert wird, abgedeckt werden kann	fehlendes Modell der Services	
14	261-262	Services sind nicht disjunkt - wie bei Applikationen wo sich Funktionalität teilweise überdeckt	Services sind nicht disjunkt - wie bei Applikationen mit teilweise überdeckender Funktionalität	PS7: keine Unterstützung der Wiederverwendbarkeit der Services: - Services sind nicht disjunkt (14;25)
15	266-268	Modelldenken ist bei den Applikationsentwicklern schwer zu vermitteln	mangelndes Modelldenken bei Entwicklern	
16	269-270	Entwickler sehen nicht das Ganze, sie sehen eher ihren Teil	Fokus nicht auf Gesamtes, sondern nur lokal	PS8: Fokus nicht auf Gesamtes / keine Partizipation am Gesamten: - nur lokal - jeder möchte autark bleiben (16;21)
17	277-278	Identifikation des Services, der genau die Requirements abdeckt. Wo ist der Reuse?	Identifikation des passenden Services	PS9: mangelhaftes Service-Repository: - Identifikation der passenden Services (17;18)

18	281-282	keine Information darüber, dass für einen Requirement bereits etwas existiert	kein Service-Repository mit Informationen vorhandener Services	
19	286-290	Fokus immer noch zu sehr an Applikation und alles selbst unter Kontrolle zu haben	Entwickler denken noch anwendungsorientiert	
20	290-291	Umkehr in der Denkweise eines Projektleiters	Denkweise des Projektleiters ist ungeeignet	PS10: kein Umdenken beim Projektmanagement: - ungeeignete Vorgehensweise (20;22;29)
21	292	keine Partizipation am Gesamten, weil jeder autark sein möchte	keine Partizipation am Gesamten (jeder möchte autark sein)	
22	304-305	es wird schwierig einen gestandenen Projektleiter zu einer neuen Vorgehensweise zu verleiten	Vorgehensweise des Projektleiters ist ungeeignet	
23	308	mangelnde Ausbildung	mangelnde Ausbildung	PS11: mangelnde Ausbildung / Kenntnis (23;31;32;33)
24	308-309	„Problemleute" haben nicht richtiges Verhalten	Akzeptanzprobleme	PS12: Akzeptanzprobleme (24)
25	309-310	Entwickler machen alles selbst, „reusen" nicht	Wiederverwendbarkeit der Services wird nicht unterstützt	
26	310-311	Entwickler begeben sich in gewisse Abhängigkeiten	Abhängigkeiten zwischen Entwicklern	PS13: Abhängigkeiten zwischen Entwicklern (26)
27	312-313	Architektur im „stillen Kämmerlein" entwickelt	Architekturmodelle werden nicht kommuniziert	PS14: mangelnde Kommunikation: - der Architekturmodelle (27)
28	319-320	Leute werden nicht abgeholt, sondern kriegen etwas verordnet	mangelndes Change-Management	PS15: mangelndes Change-Management (28)
29	330-331	Wie ist das Projektvorgehen im Unternehmen abgebildet	ungeeignete Vorgehensweise	
30	333-334	Budgetlimitierungen und Ressourcen stehen nicht zur Verfügung (nicht SOA-spezifisch)	*nicht SOA-spezifisch*	
31	341-343	Projektteam ist nicht auf SOA ausgebildet und versteht SOA-Konzepte nicht	mangelnde Kenntnisse mit SOA	
32	349-352	Leute kennen sich nicht mit Schnittstellen aus und können nicht programmieren	mangelnde Ausbildung	
33	369-370	es fehlen spezielle Kenntnisse	~~mangelnde Kenntnisse mit SOA~~	
34	383	kein Business-IT-Alignment	kein Business-IT-Alignment	PS16: kein Business-IT-Alignment (34)
35	383-386	Wie kommt man überhaupt zum Service?	unklare Servicedefinitionen	
36	386-387	keine Kenntnis der Businessanforderungen	kein Verständnis für die Businessanforderungen, daher Geschäftsprozessorientierung gefährdet	PS17: mangelnde Geschäftsprozessorientierung (36)
37	389-391	Einbezug der Requirements des Business einbeziehen, wenn man über Service redet	Servicedefinitionen erfüllen nicht die Businessanforderungen	

	38	391-392	keine Verwendung der Nomenklatur und des Vokabulars des Business; nicht die gleiche Sprache	keine Verwendung der fachlichen Begriffswelt	PS18: keine Verwendung der fachlichen Begriffswelt (38;40)
	39	396-397	auf konzeptioneller Ebene über Services redet, die Business versteht	~~Servicedefinitionen erfüllen nicht die Businessanforderungen~~	
	40	403-406	kein gemeinsames Begriffnetz definiert, dass man im Business einig ist und nicht in der IT	~~keine Verwendung der fachlichen Begriffwelt~~	
	41	410-411	Zusammenfassung zu Capabilities zur Unterstützung des Business	*vage*	

E.6: Interview 6

Frage	Nr.	Zeile	Paraphrasierung	Generalisierung	Reduktion
Einschätzung der SOA	1	5-10	SOA ist zweigeteilt, einmal SO (Serviceorientierung, der fachlich orientierte Teil beinhaltet betriebswirtschaftliche Anforderungen) zum anderen SOA als IT-Infrastruktur	SOA ist zweigeteilt: SO (Serviceorientierung, fachlicher Teil) und SOA als IT-Infrastruktur	E1: SOA ist zweigeteilt: SO (Serviceorientierung, fachlicher Teil) und SOA als IT-Infrastruktur (1;2)
	2	20-22	also zweigeteilt SO und SOA, genau genommen ist SOA nur eine IT-Infrastruktur	~~SOA ist zweigeteilt: SO (Service-Orientierung, fachlicher Teil) und SOA als IT-Infrastruktur~~	
Potenzial von SOA	1	31-34	zwei Worte: CEP (Complex Event Processing) EAM (Enterprise Architecture Management)	*vage, fehlender Bezug*	
	2	54-56	EAM: man hat eine Architektur, heute ist es EAI, morgen SOA und übermorgen wieder etwas anderes	ständige Entwicklung: heute EAI, morgen SOA, übermorgen wieder etwas anderes	PO1: historische Entwicklung: - heute EAI, morgen SOA, übermorgen was Neues (2)
	3	59-60	Weiterentwicklung von SOA, wohin auch immer	Weiterentwicklung von SOA	PO2: Weiterentwicklungen (3)
	4	66-67	es ist nur eine Frage der Zeit, bis alle Firmen eine SOA eingeführt haben, da führt kein Weg dran vorbei	früher oder später werden alle Firmen SOA einführen	PO3: Unternehmen werden auf SOA setzen (4)
	5	87-88	mit SOA kommt die betriebswirtschaftliche Sicht hinzu, was entscheidend ist	SOA ist ergänzt um betriebswirtschaftliche Sicht	PO4: SOA ist ergänzt um betriebswirtschaftliche Sicht: - SOA als Trend: weg von der hartcodierten Anwendungsentwicklung hin zu flexibler Geschäftsprozessmodellierung (5;6)
	6	326-330	SOA als Weichensteller: weg von der reinen hartcodierten Anwendungsentwicklung in Richtung flexible Geschäftsprozessmodellierung	SOA als Trend: weg von der hartcodierten Anwendungsentwicklung hinzu flexibler Geschäftsprozessmodellierung	
Problemsituationen	1	89	Unternehmen muss vorgeben, welche Prozesse benötigt werden	Identifikation der Prozesse	PS1: Identifikation der Prozesse: - Prozessfindung und Priorisierung - keine extrahierten Prozesse (1;2;3;5;9;29)
	2	93-94	Prozessfinden und Entscheidung welche Prozesse benötigt werden, damit fängt SOA an	Prozessfindung und Priorisierung	
	3	98-99	es gibt viele Prozesse, welche die Leute heute gar nicht kennen oder sich nicht bewusst sind, dass sie solche brauchen	Identifikation der Prozesse	
	4	121-122	Leute brauchen Fantasie (Vorstellungskraft), welche Wünsche (Anforderungen) es eigentlich gibt	mangelndes Abstraktionsvermögen	PS2: mangelndes Abstraktionsvermögen: - bei den Entwicklern (4;26;27;32)

	5	125-126	Prozess der Prozessfindung ist der wichtigste Teil von einer SOA	~~Prozessfindung und Priorisierung~~	
	6	144-146	es gibt eigentlich heute keine SOA-Projekte, die schon wirklich fertig sind, man verwechselt Integration mit SOA	*vage*	
	7	152-153	Referenten reden nicht über SOA, sondern EAI	unklare Terminologie	PS3: unklare Terminologie: - extrahierter Prozess ist nicht gleich integrierter Prozess (7;34)
	8	154-155	Leute von der Praxis haben noch gar keine Ahnung, was SOA ist	mangelnde Erfahrung mit SOA	PS4: mangelnde(s) Erfahrung / Verständnis mit SOA: - keine Erfahrung mit Prozessmodellierung (Modellieren von Geschäftsprozessen) - Entwickler denken anwendungsorientiert - keine Modellierer, sondern Anwendungsentwickler - mangelnde Ausbildung (8;10;11;13;18;19;21;22;23;30;31;33;36;37;38;39;40;41;44;45)
	9	160-161	Leute sehen SOA nicht so, dass man oben mit der Prozessfindung anfängt	~~Prozessfindung und Priorisierung~~	
	10	171-172	SOA Zweiteilung - einmal Geschäftsprozesse und einmal Infrastruktur	mangelndes Verständnis von SOA	
	11	175-176	Verständnis bei Einführung einer SOA, dass man externalisierte Geschäftsprozesse bekommt	~~mangelndes Verständnis von SOA~~	
	12	177-178	man kennt keine Geschäftsprozesse, sondern Transaktionen und Anwendungen	keine Geschäftsprozessorientierung	PS5: keine Geschäftsprozessorientierung: - kein Verständnis oder Kenntnis der Geschäftsprozesse (12;14;20)
	13	179-181	dass man jetzt Prozesse modelliert ist fremd	keine Erfahrung mit Prozessmodellierung	
	14	182	kein Verständnis oder Kenntnis der Geschäftsprozesse	kein Verständnis oder Kenntnis der Geschäftsprozesse	
	15	185-187	keine Oberfläche zur Darstellung des Geschäftsprozesses	keine Frontend-Anwendung zur Darstellung von Geschäftsprozessen	PS6: keine geeigneten Tools: - zur Darstellung von Geschäftsprozessen - zum Generieren von Weboberflächen - zum Modellieren - BPM-Engines sind starr, Prozesse sind nicht flexibel zur Laufzeit gestaltbar - hartcodierte Abläufe bei den Prozess-Engines (15;16;17;42;43)
	16	197-200	es fehlt Generator zum generieren von Weboberflächen	keine geeigneten Tools zum Generieren von Weboberflächen	

17	201-206	Entwicklungstools basieren auf Sprachen, wo man wieder pro-grammieren und entwickeln muss; man muss aber modellieren und Modell wird in Code umgesetzt	keine geeigneten Tools zum Modellieren	
18	288	Verständnisproblem, weil die meisten Leute in Anwendungen denken	keine Erfahrung mit Prozessmo-dellierung, Entwickler denken anwendungsorientiert	
19	289-290	Gewohnheit seit vielen Jahren Anwendungen zu entwickeln	Entwickler denken anwendungs-orientiert	
20	293-294	Aufgabenstellungen werden nicht als Geschäftsprozess verstanden	~~keine Geschäftsprozessorientie-rung~~	
21	299	es dürfen nicht monatelang die üblichen Entwicklungsprojekte laufen, sondern es muss schnell ein Geschäftsprozess modelliert werden	keine Erfahrung mit dem Model-lieren von Geschäftsprozessen	
22	303-304	keine Prozessmodellierer, sondern Anwendungsentwickler im Unter-nehmen	~~keine Erfahrung mit Prozessmo-dellierung; Entwickler denken anwendungsorientiert~~	
23	327-330	Leute tun sich schwer von der reinen Anwendungsentwicklung in Richtung Geschäftsprozessmodel-lierung umzuschwenken	~~keine Erfahrung mit Prozessmo-dellierung; Entwickler denken anwendungsorientiert~~	
24	346-348	Wie intelligent sind die Leute zu verstehen, dass Services anfangen sich zu wiederholen?	mangelnde Wiederverwendbarkeit, weil Entwickler nicht verstehen, dass sich Services wiederholen	PS7: mangelnde Wieder-verwendbarkeit: - Entwickler verstehen nicht, dass sich Services wiederholen - Services werden nicht abstrakt definiert (24;25)
25	351-352	Services sind nicht abstrakt formu-liert, so dass keine hohe Wieder-verwendbarkeit möglich ist	mangelnde Wiederverwendbarkeit, weil Services nicht abstrakt defi-niert werden	
26	359-363	mangelndes Abstraktionsvermö-gen, Anforderungen werden konkret umgesetzt, besser allge-meine Lösung zu jeder Anforde-rung bieten	mangelndes Abstraktionsvermögen bei den Entwicklern	
27	380-382	Entwickler sind nicht trainiert abstrakte Anwendungen zu entwi-ckeln, sondern konkrete	~~mangelndes Abstraktionsvermögen bei den Entwicklern~~	
28	390-391	keine abstrakten Beispiele und Funktionen im Service-Repository	unvollständiges Service-Repository	PS8: unvollständiges Service-Repository: - mangelnde Information über Änderung von Prozessen (28;47)
29	466-467	Prozesse müssen extrahiert werden	keine extrahierten Prozesse	
30	467-468	IT-Leute sind es gewohnt in Anwendungen zu denken	~~keine Erfahrung mit Prozessmo-dellierung; Entwickler denken anwendungsorientiert~~	
31	470-471	die Masse der IT-Mitarbeiter kann mit Prozessmodellierung nichts anfangen	~~keine Erfahrung mit Prozessmo-dellierung~~	
32	491-492	die Meisten können sich nicht vorstellen, dass es einen Prozess gibt, den man modellieren kann	mangelndes Abstraktionsvermögen bei den Entwicklern	

33	502-504	Leute verstehen nur langsam, was es heißt einen Prozess zu modellieren	~~keine Erfahrung mit Prozessmodellierung~~	
34	506-515	das Wort Prozess suggeriert bei jedem etwas anderes: in SAP integrierter Prozess ist nicht der eigentliche externalisierte Prozess	unklare Terminologie: extrahierter Prozess ist nicht gleich integrierter Prozess	
35	522-524	zu modellierende Prozesse gibt es im Unternehmen noch gar nicht oder sind festcodiert	*vage*	
36	534-535	im Mittelpunkt steht die Anwendung, nicht der Prozess	~~keine Erfahrung mit Prozessmodellierung; Entwickler denken anwendungsorientiert~~	
37	541-544	die wenigstens haben SOA begriffen	~~mangelndes Verständnis von SOA~~	
38	550-551	keine Modellierer in den Unternehmen: das ist ein Problem	keine Modellierer, sondern Anwendungsentwickler	
39	589	das größte Problem bei der Einführung einer SOA ist, dass die SOA verstanden wird	~~mangelndes Verständnis von SOA~~	
40	590	von der Anwendung zu lösen und Prozesse modellieren	~~keine Erfahrung mit Prozessmodellierung; Entwickler denken anwendungsorientiert~~	
41	598-599	Frage der Ausbildung, Frage des Know-how, Frage der Bereitschaft hinzulernen	mangelnde Ausbildung, keine Erfahrung, mangelnde Bereitschaft hinzulernen	
42	618-629	heutige BPM-Engines sind starr, man müsste den Prozess flexibel zur Laufzeit gestalten, Forderung nach einer flexiblen Prozess-Engine	BPM-Engines sind starr, Prozesse sind nicht flexibel zur Laufzeit gestaltbar	
43	649-651	hartcodierte Abläufe bei den Prozess-Engines	hartcodierte Abläufe bei den Prozess-Engines	
44	678-679	Leute verstehen nicht, was SOA heißt	~~mangelndes Verständnis von SOA~~	
45	680-681	viele projizieren SOA nur auf die Entwicklung von Anwendungen	~~mangelndes Verständnis von SOA~~	
46	685-687	hartcodierte Services	*vage*	
47	692	Wer publiziert, dass sich Prozesse verändert haben?	mangelnde Information über Änderung von Prozessen	
48	693-694	Wer hat die Kontrolle?	unklare Zuständigkeiten	PS9: unklare Beschreibung der Zuständigkeiten (48)

E.7: Interview 7

Frage	Nr.	Zeile	Paraphrasierung	Generalisierung	Reduktion
Einschätzung der SOA	1	4	auf jeden Fall fachlich getrieben	vorrangig fachlich getrieben	E1: SOA sollte vorrangig fachlich getrieben sein: - zunächst Konzeption der fachlichen Services, dann technische Services (1;2;3;5)
	2	4-5	wir betrachten das vorrangig erst einmal fachlich	~~vorrangig fachlich getrieben~~	
	3	8	es soll ganz klar fachlich getrieben sein	~~vorrangig fachlich getrieben~~	
	4	13-14	Betrachtung der Technik praktisch erst im zweiten oder dritten Schritt	Betrachtung der Technik erst in zweiter Linie	E2: Betrachtung der Technik erst in zweiter Linie (4)
	5	14-18	zunächst Business-Services, geschäftliche Services und später technische Services	zunächst Konzeption der fachlichen Services, dann technische Services	
Potenzial von SOA	1	23-24	Architekturkonzept ist Konzept der Zukunft	SOA ist Architekturkonzept der Zukunft	PO1: SOA ist Architekturkonzept der Zukunft: - nicht nur Hype - Hypephase wird irgendwann überwunden sein (1;2;3)
	2	24-25	nicht nur ein Hype, sondern das Konzept der Zukunft	nicht nur Hype, sondern Konzept der Zukunft	
	3	30	Hype der irgendwann aufhört	Hypephase wird irgendwann überwunden sein	
	4	31-32	monolithische Systeme kommen nicht wieder	*irrelevant*	
	5	39-40	mit Sicherheit wird es ein neues Buzz- oder Hypeword geben, aber es wird nicht zurückgedreht	neues Buzzword wird es geben	PO2: Irgendwann wird es ein neues Buzzword geben (5)
Problemsituationen	1	5-6	Eindruck, dass in der Community zu technisch angegangen wird	Betrachtung der Community ist zu technisch	PS1: SOA wird zu technisch angegangen (1;2;23)
	2	8-10	es wird aber in der Tat zu technisch angegangen	wird zu technisch angegangen	
	3	107-108	keine Verantwortlichkeiten	keine Verantwortlichkeiten	PS2: keine Beschreibung der Verantwortlichkeiten: - für einen Service - für die Bereitstellung eines Services - keine Service-Level-Agreements (3;4;19;21;22;28;29;30)
	4	111-118	keine Service-Level-Agreements	keine Service-Level-Agreements	
	5	170-171	ein fachlicher Service sollte nur an einer Stelle definiert werden	keine disjunkten Services	PS3: keine disjunkten Services (5;6;7)
	6	173-174	mehrere Abteilungen, die einen ähnlichen Service anbieten	~~keine disjunkten Services~~	
	7	175-176	Service, den es schon gibt, soll nicht wieder entwickelt werden	~~keine disjunkten Services~~	

8	180-185	mangelndes Verständnis, dass man es mit fachlichen Services zu tun hat, oftmals zu technischer Blickwinkel beim Geschäftspartner	mangelndes Verständnis: - fachliche Orientierung fehlt - zu technischer Blickwinkel	PS4: mangelndes Verständnis: - fachliche Orientierung fehlt - Entwickler denken anwendungsorientiert (8;24;27;30;32)
9	188-190	keine Darstellung der Gesamtlandschaft im Unternehmen	fehlender Gesamtüberblick	PS5: fehlender Gesamtüberblick: - Fokus liegt nicht auf Business-Serviceorientierung/Servicegedanke (9;25)
10	194-196	Fragestellung, ob konzernweite Landschaft oder jeder Standort seine eigene Landschaft hat	*vage*	
11	197-201	Fragestellung, wird Service global angeboten, definiert, beschrieben und implementiert	Ort der Servicedefinition und -implementierung (global vs. lokal)	PS6: Herausforderung der Servicedefinition: - Ort der Servicedefinition und -implementierung (global vs. lokal) - Herausforderung die Konzeption eines fachlichen Service technisch zu implementieren (11;17)
12	202-204	es gibt keine zentrale Stelle, die sagt, das ist der Service, der ist so definiert und wird dort angeboten	mangelndes Service-Repository	PS7: mangelndes Service-Repository (12;20)
13	208-214	Frage der Granularität: wie fein- oder grobgranular ist der Service (viele kleine bedeutet immer wieder neu orchestrieren, zu grob bedeutet viele Spezialservices)	Grad der Granularität: zu fein- oder grobgranular	PS8: Grad der Granularität: - zu feingranular - zu grobgranular - keine Kenntnis über Kriterien (13;14)
14	215-218	Community weiß auch nicht, welche Kriterien man für die Granularität heranziehen soll	Grad der Granularität: keine Kenntnis über Kriterien	
15	220-222	bei hochintegrierten Systemen und bestehenden Monolithen ist es schwer, diese in Services aufzuteilen	bestehende Systemlandschaften	PS9: bestehende Systemlandschaften (15)
16	224-227	Transaktionen in einem Modul haben Auswirkungen auf andere	hoher Abstimmungsbedarf	PS10: hoher Abstimmungsbedarf (16)
17	230-233	man kann Service fachlich trennen und separat beschreiben, bei der Implementierung hat man dann doch ein System	Herausforderung die Konzeption eines fachlichen Service technisch zu implementieren	
18	233	Services sind daher nicht beliebig austauschbar	kaum Austauschbarkeit	PS11: kaum Austauschbarkeit (18)
19	247-248	fehlende Verantwortung für einen Service: wer ist für die Verbesserung des Services zuständig	fehlende Verantwortung für einen Service	
20	248-249	Services nicht durch organisatorisch übergreifende Prozesse bereitgestellt	~~mangelndes Service-Repository~~	
21	257-258	keine Verantwortlichkeiten, wer den Service bereitstellt	keine Verantwortlichkeiten, wer den Service bereitstellt	

	22	259	es fehlt praktisch ein Ansprech-partner für diese übergreifenden Services als organisatorischer Aspekt	~~keine Verantwortlichkeiten~~	
	23	261	zu technisch gesehen	zu technische Betrachtung	
	24	261-263	SOA wird von IT unterstützt, die anwendungsorientiert gestaltet ist	Entwickler denken anwendungs-orientiert	
	25	264-265	erster Schritt muss Business-Serviceorientiert sein	Fokus liegt aber nicht auf Busi-ness-Serviceorientierung	
	26	267-268	Businesswelt muss auch überzeugt werden	fehlendes Commitment	PS12: fehlendes Com-mitment (26)
	27	272-273	Endbenutzer müssen sich selbst als Service-Geber und Service-Nehmer verstehen	mangelnder Verständnis der Endbenutzer: - Servicegedanke steht nicht im Vordergrund	
	28	279-281	ARIS-EPKs reichen als Prozessde-finition nicht aus, man muss das Ziel kennen und was muss das Ergebnis sein und wer hat das Ding wozu angefordert	mangelnde Prozessdefinitionen; fehlende Verantwortung	PS13: mangelnde Pro-zessdefinitionen (28)
	29	283	keine Vereinbarung in welcher Zeit	~~keine Service-Level-Agreements~~	
	30	283-284	jeder macht seinen Teil, versteht sich aber nicht als Servicegeber	~~Servicegedanke steht nicht im Vordergrund~~	
	31	284-286	keine Übernahme der Verantwor-tung über Zeit und Qualität	~~fehlende Verantwortung für einen Service~~	
	32	287-289	Prozesse werden im Unternehmen nicht als Serviceneh-mer/Servicegeber oder Kun-den/Lieferanten-Beziehungen gesehen	~~Servicegedanke steht nicht im Vordergrund~~	
	33	298-299	Erwartungshaltung des Projekts flexibler und agiler zu werden, kann nicht erfüllt werden	unerfüllte Erwartungshaltung an das Projekt, flexibel und agil zu werden	PS14: unerfüllte Erwar-tungshaltung an das Projekt flexibel und agil zu werden (33)
	34	302-304	Anspruch in weiteren Projekten wieder schnell zu sein kann nicht erfüllt werden	*vage*	

E.8: Interview 8

Frage	Nr.	Zeile	Paraphrasierung	Generalisierung	Reduktion
Einschätzung der SOA	1	15-16	Durchbruch der Technologie ist immer dann da, wenn die Standardisierung genügend hoch ist	*fehlender Bezug*	
	2	27-28	SOA ist ein Wort-Cluster, der sich gebildet hat, weil man heute alles mit allem integrieren kann	*fehlender Bezug*	
	3	34	SOA ist sowohl als auch	SOA ist beides: fachlich getriebener Ansatz und technologieorientiertes Konzept	E1: SOA ist beides: fachlich getriebener Ansatz und technologie-orientiertes Konzept (1)
	4	34-39	Technologie bietet heute die Standards, fachliche Prozesse horizontal anzubieten	*vage*	
Potenzial von SOA	1	77-79	These: „In 15 Jahren von heute sind Sie vor irgendeiner Kiste und mit, was Sie dort eigentlich arbeiten, das merken Sie gar nicht mehr - wieder Commodity"	These: fortschreitende Standardisierung führt zu Commodity	PO1: fortschreitende Standardisierung (1)
	2	85-87	SOA wird die Technologie werden, die diese heterogene Systemlandschaft miteinander verbindet	SOA wird es schaffen heterogene Systemlandschaften miteinander zu verbinden	PO2: SOA wird es schaffen, heterogene Systemlandschaften miteinander zu verbinden (2;6)
	3	88-89	SOA hat eigene Komponenten: Security, Zugangsbereich, Benutzerprofile, Personalisierung	Entwicklung von weiteren Komponenten	PO3: SOA wird sich weiterentwickeln: - mit weiteren Komponenten (3;4)
	4	93-94	Clusterwort SOA hat noch starken Trend vor sich	SOA hat noch Trend vor sich	
	5	94	SOA ist nichts Eigenes	*vage*	
	6	94-97	SOA ist im Grunde Wortcluster, Middleware-Anwendungen mit Standard- oder Individualsoftware und weiteren Systemen vernünftig zu verbinden	~~SOA wird es schaffen heterogene Systemlandschaften mit einander zu verbinden~~	
Problemsituationen	1	172-173	SOA ist nur für ein Teil des Unternehmens, im Grunde müssen aber alle Teile involviert sein	SOA bindet nicht alle Unternehmensteile ein	PS1: SOA bindet nicht alle Unternehmensteile ein (1;2)
	2	177-178	man kann nicht vorne SOA machen und hinten nichts tun	~~SOA bindet nicht alle Unternehmensteile ein~~	
	3	229-230	bei SOA hilft Ihnen im Moment niemand vernünftig	mangelnde Erfahrung mit SOA	PS2: mangelnde Erfahrung mit SOA (3)
	4	253-268	historisch gewachsene, heterogene Landschaften	historisch gewachsene, heterogene Landschaften	PS3: bestehende historisch gewachsene, heterogene Systemlandschaften: - haben eigene Benutzerverwaltung - eigenes Daten-Login - Mechanismen zur Archivierung und Systemwiederherstellung (4;6)

5	292	technische Probleme: Single-Sign-On, Entitlement, Datenintegrität	technische Probleme: - Single-Sign-On - Entitlement - Datenintegrität	*siehe PS5 und PS6*
6	292-294	Softwaresysteme haben eigene Benutzerverwaltung, Daten-Login, Mechanismen zur Archivierung und Systemwiederherstellung	bestehende Systeme haben eigene Benutzerverwaltung, Daten-Login, Mechanismen zur Archivierung und Systemwiederherstellung	
7	297-298	Wer hat „den Hut" auf für welche Daten?	mangelnde Verantwortlichkeiten	PS4: mangelnde Verantwortlichkeiten (7;14)
8	302-304	Datenintegrität	technisches Problem: Datenintegrität	PS5: Datenintegrität (Aktualität der Daten) (5;8;19;23)
9	304-309	Single-Sign-On	technisches Problem: Single-Sign-On	PS6: (Security-Identity-Management): - Single-Sign-On - Entitlement (Berechtigungsvergabe in Workflow-Situationen) (5;9;10;20;21)
10	312-314	Entitlement - Berechtigungsvergabe in Workflow-Situationen	~~technisches Problem: Entitlement-Berechtigungsvergabe in Workflow-Situationen~~	
11	320-333	Wirtschaftlichkeitsvorteil wird nicht gesehen, Investitionen sind meistens sehr hoch	hohe Investitionen; Wirtschaftlichkeitsvorteil ist nicht transparent	PS7: hohe Investitionen: - Wirtschaftlichkeitsvorteil ist nicht transparent - ROI kommt erst spät - ROI bei SOA-Projekten ist schwierig zu berechnen (11;12;27)
12	331-333	es ist viel Geld und Zeit geflossen bis man mal was sieht	ROI kommt erst spät	
13	334-338	man braucht die halbe Firma, x Workshops mit den ganzen Fachabteilungen	unzureichendes Commitment	PS8: unzureichendes Commitment (13;18;25;26)
14	338	Wer hat welchen Bedarf für welchen Service?	~~mangelnde Verantwortlichkeiten~~	
15	340	Welche Services kann man SOA-mäßig horizontalisieren?	*vage*	
16	342-347	Mitarbeiter aus anderer Abteilung hat kein Interesse Arbeitszeit, Geld und Ressourcen zu spendieren für eine andere Abteilung	Interessenkonflikt zwischen Abteilungen	PS9: Interessenkonflikte: - zwischen Abteilungen - zwischen Fachabteilungen und IT (16;17)
17	348-352	verschiedene Fachabteilungen und IT-Leute müssen ein Ziel ansteuern	Interessenkonflikt zwischen Fachabteilungen und IT	
18	354-356	für alles, was angefasst wird, braucht man die halbe Firma	~~fehlendes Commitment~~	
19	412	Datenintegrität	~~technisches Problem: Datenintegrität~~	
20	413	Security-Identity-Management, also Single-Sign-On	technisches Problem: Security-Identity-Management (Single-Sign-On)	
21	414	Entitlement	~~technisches Problem: Entitlement~~	
22	415	umfassende Maßnahmen innerhalb einer SOA	fehlendes geeignetes Vorgehensmodell	PS10: fehlende, geeignete Vorgehensmodelle (22)
23	418-426	Aktualität der Daten	Aktualität der Daten	

	24	427-430	wenn ein Service „abraucht", muss es innerhalb der SOA trotzdem weitergehen	Stabilität bei Serviceausfall	PS11: Performance - Stabilität bei Service-ausfall (24)
	25	465-466	wenn man die Mitarbeiter nicht dahinter kriegt, kann man SOA vergessen	~~fehlendes Commitment~~	
	26	486-488	man braucht Vertreter aus allen betroffenen Bereichen	~~fehlendes Commitment~~	
	27	494-502	Berechnung eines ROI bei SOA ist schwierig	ROI bei SOA-Projekten ist schwierig zu berechnen	
	28	509-511	Change-Management nicht durch-geführt; Begleitung des Wandels; Applikationen zu Services ist nur ein Teil	mangelndes Change-Management	PS12: mangelndes Chan-ge-Management (28;29)
	29	517-519	Begleitung des Wandels kulturell, Arbeitsalltag und Bedienung	~~mangelndes Change-Management~~	

Anhang F: Gesamtauswertung der Problemsituationen

	Interview Nr. 1	Interview Nr. 2	Interview Nr. 3	Interview Nr. 4	Interview Nr. 5	Interview Nr. 6	Interview Nr. 7	Interview Nr. 8
mangelnder Fokus auf globale Zusammenhänge	[1].PS1: Verlust des Gesamtüberblick: - Services sind über verschiedene Applikationen verteilt (1)	[2].PS4: keine Sicht auf globale Zusammenhänge (7)			[5].PS8: Fokus nicht auf Gesamtes / keine Partizipation am Gesamten: - nur lokal - jeder möchte autark bleiben (16;21)		[7].PS5: fehlender Gesamtüberblick: - Fokus liegt nicht auf Business-Serviceorientierung/Servicegedanke (9;25)	[8].PS1: SOA bindet nicht alle Unternehmensteile ein (1;2)
bestehende Abhängigkeiten	[1].PS2: bestehende Abhängigkeiten: - Zuordnung Projektteam zu Applikation - kein Mapping zwischen Service und Applikation - Abhängigkeiten zwischen Entwickler - erhöhte Komplexität (2;8;9;23;24)				[5].PS13: Abhängigkeiten zwischen Entwicklern (26)			
mangelnde Kommunikation und Abstimmung	[1].PS3: keine oder mangelnde Kommunikation: - zwischen Projektteams - erhöhter Kommunikationsaufwand für Entwickler (3;6;19;22)	[2].PS5: mangelnde Kommunikation und Abstimmung: - Abteilungen bringen sich nicht ein (redundante Entwicklungen von Service, keine Wiederverwendbarkeit gewährleistet) (8;12)		[4].PS1: erhöhter Koordinations- und Abstimmungsaufwand: - bei den Entwicklern - aufgrund komplexer Schnittstellen (1;2;3;4)			[7].PS10: hoher Abstimmungsbedarf (16)	
mangelnde Unterstützung der Wiederverwendbarkeit der Services	[1].PS4: Services werden doppelt entwickelt: - aufgrund mangelnder Kommunikation (4)				[5].PS7: keine Unterstützung der Wiederverwendbarkeit der Services: - Services sind nicht disjunkt (14;25)	[6].PS7: mangelnde Wiederverwendbarkeit: - Entwickler verstehen nicht, dass sich Services wiederholen - Services werden nicht abstrakt definiert (24;25)	[7].PS3: kein disjunkten Services (5;6;7)	

	Interview Nr. 1	Interview Nr. 2	Interview Nr. 3	Interview Nr. 4	Interview Nr. 5	Interview Nr. 6	Interview Nr. 7	Interview Nr. 8
ungeeignete Vorgehensmodelle	[1].PS5: ungeeignete Vorgehensweise zur Festlegung der Prioritäten (5)	[2].PS13: fehlende Vorgehensmodelle (23,24)	[3].PS7: keine geeignete Vorgehensweise: - fehlende pragmatische und iterative Vorgehensweise (Top-down vs. Bottom-up) - bisher keine Erfahrung - zu lange Projektlaufzeiten, daher Verifizierung kaum möglich (26;27;28;30)		[5].PS10: kein Umdenken beim Projektmanagement: - ungeeignete Vorgehensweise (20;22;29)			[8].PS10: fehlende, geeignete Vorgehensmodelle (22)
mangelndes oder unvollständiges Service-Repository	[1].PS6: kein gemeinsames oder mangelndes Service-Repository (7)			[4].PS7: mangelndes Service-Repository (10)	[5].PS9: mangelhaftes Service-Repository: - Identifikation der passenden Services (17;18)	[6].PS8: unvollständiges Service-Repository: - mangelnde Information on über Änderung von Prozessen (28;47)	[7].PS7: mangelndes Service-Repository (12;20)	
bestehende Systemlandschaften	[1].PS7: vorhandene Infrastruktur: - heterogene Systemlandschaft - verschiedene Komponenten unterschiedlicher Hersteller (10;11)						[7].PS9: bestehende Systemlandschaften (15)	[8].PS3: bestehende, historisch gewachsene, heterogene Systemlandschaften: - haben eigene Benutzerverwaltung - eigenes Daten-Login - Mechanismen zur Archivierung und Systemwiederherstellung (4;6)
unterschiedliche Versionen eines Services	[1].PS8: keine geeignete Versionskontrolle (12)							

	Interview Nr. 1	Interview Nr. 2	Interview Nr. 3	Interview Nr. 4	Interview Nr. 5	Interview Nr. 6	Interview Nr. 7	Interview Nr. 8
mangelnder Erfahrungs- und Kenntnisstand	[1].PS9: mangelndes Verständnis: - für die Nutzung von SOA-Tools - Tools sind zu komplex (16;21)	[2].PS6: mangelnde Erfahrung auf Projektmanagementebene mit SOA (10)	[3].PS2: mangelndes Know-how / Kenntnis: - bei allen Beteiligten - mangelnde Ausbildung - mangelnde Erfahrung (Partner an der Seite) - auch beim Kunden - mangelnde theoretische Fundierung der Mitarbeiter - gestiegene Anforderungen an Mitarbeiter in der Anwendungsentwicklung - Ausbildungsvoraussetzungen der Entwickler ist an Grenzen gestoßen - höherer Bedarf an Mitarbeiter mit akademischem Background - mangelnder Ausbildungsbackground der Mitarbeiter (3;5;6;7;10;11;12;13;14;15)		[5].PS11: mangelnde Ausbildung / Kenntnis (23;31;32;33)	[6].PS4: mangelnde(s) Erfahrung / Verständnis mit SOA: - keine Erfahrung mit Prozessmodellierung (Modellieren von Geschäftsprozessen) - Entwickler denken anwendungsorientiert - keine Modellierer, sondern Anwendungsentwickler - mangelnde Ausbildung (8;10;11;13;18;19;21;22;23;30;31;33;36;37;38;39;40;41;44;45)	[7].PS4: mangelndes Verständnis: - fachliche Orientierung fehlt - Entwickler denken anwendungsorientiert (8;24;27;30;32)	[8].PS2: mangelnde Erfahrung mit SOA (3)
unzureichendes Commitment	[1].PS10: keine oder mangelnde Unterstützung für SOA: - seitens Entscheidungsträger (Management) - seitens Entwickler (17;18)	[2].PS2: fehlende Unterstützung (Commitment): - aller Abteilungen - mangelnde Zusammenarbeit der Abteilungen - kein internes Commitment bei Sponsoren (2;5;11)		[4].PS8: unzureichendes Commitment: - menschlicher Faktor (Mitarbeiter müssen das tragen) (11)			[7].PS12: fehlendes Commitment (26)	[8].PS8: unzureichendes Commitment (13;18;25;26)

	Interview Nr. 1	Interview Nr. 2	Interview Nr. 3	Interview Nr. 4	Interview Nr. 5	Interview Nr. 6	Interview Nr. 7	Interview Nr. 8
unzureichende Identifikation und Definition der Geschäftsprozesse		[2].PS1: unzureichende Prozessdefinitionen: - Unternehmen kennt Prozess nur im Groben und Ganzen - veränderte Prozesse werden nicht protokolliert - aktueller Stand der Prozesse ist nicht dokumentiert (1;3;4)				[6].PS1: Identifikation der Prozesse: - Prozessfindung und Priorisierung - keine extrahierten Prozesse (1;2;3;5;9;29)	[7].PS13: mangelnde Prozessdefinitionen (28)	
abteilungsübergreifende Interessenkonflikte		[2].PS3: Interessenkonflikte: - schädigende Denkweise - budgetgetrieben in den Abteilungen - Investition nur in abteilungsnahe und - relevante Projekte (6)						[8].PS9: Interessenkonflikte: - zwischen Abteilungen - zwischen Fachabteilungen und IT (16;17)
Abweichung zwischen Schnittstellenbeschreibung und Serviceimplementierung		[2].PS7: Abweichung zwischen Schnittstellenbeschreibung und Serviceimplementierung (13)		[4].PS2: mangelnde Beschreibung der Schnittstellen (5)				
mangelnde Analyse		[2].PS8: mangelnde Analyse: - der anzubindenden Applikationen (15)						
mangelnde Unterstützung der Austauschbarkeit der Services		[2].PS9: Flexibilität und Austauschbarkeit ist nicht gewährleistet (16;17;18;21)		[4].PS11: mangelnde Flexibilität (17)	[5].PS4: enge Kopplung (7)		[7].PS11: kaum Austauschbarkeit (18)	

	Interview Nr. 1	Interview Nr. 2	Interview Nr. 3	Interview Nr. 4	Interview Nr. 5	Interview Nr. 6	Interview Nr. 7	Interview Nr. 8
unzureichende Beschreibung der Verantwortlichkeiten und Rollenverteilung		[2].PS10: Beschreibung der Verantwortlichkeiten (19)				[6].PS9: unklare Beschreibung der Zuständigkeiten (48)	[7].PS2: keine Beschreibung der Verantwortlichkeiten: - für einen Service - für die Bereitstellung eines Service - keine Service-Level-Agreements (3;4;19;21;22;28;29)	[8].PS4: mangelnde Verantwortlichkeiten (7;14)
unrealistische Erwartungen		[2].PS11: unrealistische Erwartungshaltung an SOA (20)	[3].PS6: unrealistische Erwartungshaltung (25)	[4].PS4: unrealistische Erwartungshaltung (7)			[7].PS14: unerfüllte Erwartungshaltung an das Projekt flexibel und agil zu werden (33)	
keine einheitliche Terminologie		[2].PS12: keine einheitliche Terminologie in der SOA-Welt (22)			[5].PS18: keine Verwendung der fachlichen Begriffswelt (38;40)	[6].PS3: unklare Terminologie: - extrahierter Prozess ist nicht gleich integrierter Prozess (7;34)		
funktionale „Gaps"		[2].PS14: fehlende Tools: - zur sinnvollen Orchestrierung der Services (25)	[3].PS1: fehlende funktionale Bausteine: - funktionaler Gap (z. B. Orchestrierung der Services) (1;2;22;23;24)	[4].PS5: fehlende Tools (8;16)		[6].PS6: keine geeigneten Tools: - zur Darstellung von Geschäftsprozessen - zum Generieren von Weboberflächen - zum Modellieren - BPM-Engines sind starr, Prozesse sind nicht flexibel zur Laufzeit gestaltbar - hartcodierte Abläufe bei den Prozess-Engines (15;16;17;42;43)		
unzureichende Technologiebeherrschung			[3].PS3: mangelnde Technologiebeherrschung: - über bestimmte Grundsätze des Designs, der Architektur, der umzusetzenden Technologien (4;20)					

	Interview Nr. 1	Interview Nr. 2	Interview Nr. 3	Interview Nr. 4	Interview Nr. 5	Interview Nr. 6	Interview Nr. 7	Interview Nr. 8
unzureichendes Change-Management			[3].PS4: mangelndes Change-Management: - in den Strukturen des Kunden (8)	[4].PS9: Change-Management: - SOA bringt neue, andere Spannungsfelder - Mitarbeiter müssen neue Prozesse lernen - kein Prozessdenken vorhanden - neue Herausforderung an das Management (12;13;15)	[5].PS15: mangelndes Change-Management (28)			[8].PS12: mangelndes Change-Management (28;29)
anfänglicher Performance-Downgrade			[3].PS5: Performance-Downgrade / Limitationen einer neuen Technologie: - neue Technologien sind ressourcenhungrig - mangelnde Erfahrung damit umzugehen - Ressourcen und Performance (Responsetime, Durchsatz) sind kritische Erfolgsfaktoren (16;17;18;19;21;23)	[4].PS6: Performance-Downgrade: - Stabilität - Verfügbarkeit- Sicherheit (9)				[8].PS11: Performance-Stabilität bei Service-ausfall (24)
unterschiedliche Semantik in den Datenquellen				[4].PS3: keine einheitliche semantische Beschreibung der Daten (6)				
mangelnde Akzeptanz				[4].PS10: Akzeptanzprobleme (14)	[5].PS12: Akzeptanzprobleme (24)			

	Interview Nr. 1	Interview Nr. 2	Interview Nr. 3	Interview Nr. 4	Interview Nr. 5	Interview Nr. 6	Interview Nr. 7	Interview Nr. 8
zu technische Betrachtung und Herangehensweise					[5].PS1: zu technische Betrachtung: - Wandel des Verständnisses mit SOA noch nicht etabliert - Technologie steht noch im Vordergrund - Entwickler denken noch anwendungsorientiert (1;2;19)		[7].PS1: SOA wird zu technisch angegangen (1;2;23)	
hohe Änderungsfrequenz neuer Technologien					[5].PS2: hohe Änderungsfrequenz der Technik (4;5)			
unzureichende Trennung zwischen fachlicher Konzeption und technischer Implementierung					[5].PS3: ungeeignete Servicedefinitionen: - nicht technologieunabhängig - Trennung von Konzeption eines Services und seiner technischen Implementierung - fehlendes Modell der Services - unklare Servicedefinitionen - Servicedefinitionen erfüllen nicht die Businessanforderungen (6;11;13;35;37;39)		[7].PS6: Herausforderung der Servicedefinition: - Ort der Servicedefinition und - implementierung (global vs. lokal) - Herausforderung die Konzeption eines fachlichen Service technisch zu implementieren (11;17)	
bestehende Herstellerabhängigkeiten					[5].PS5: bestehende Technologieabhängigkeit (8)			
mangelndes Abstraktionsvermögen					[5].PS6: mangelndes Abstraktionsvermögen: - der Mitarbeiter - mangelndes Modelldenken der Entwickler (10;15)	[6].PS2: mangelndes Abstraktionsvermögen: - bei den Entwicklern (4;26;27;32)		

	Interview Nr. 1	Interview Nr. 2	Interview Nr. 3	Interview Nr. 4	Interview Nr. 5	Interview Nr. 6	Interview Nr. 7	Interview Nr. 8
unzureichende Kommunikation (seitens Management)					[5].PS14: mangelnde Kommunikation: - der Architekturmodelle (27)			
mangelndes Business-IT-Alignment					[5].PS16: kein Business-IT-Alignment (34)			
mangelnde Geschäftsprozessorientierung					[5].PS17: mangelnde Geschäftsprozessorientierung (36)	[6].PS5: keine Geschäftsprozessorientierung: - kein Verständnis oder Kenntnis der Geschäftsprozesse (12;14:20)		
ungeeignete Wahl der Granularität der Services							[7].PS8: Grad der Granularität: - zu feingranular - zu grobgranular - keine Kenntnis über Kriterien (13;14)	
Wahrung der (Daten-)Integrität								[8].PS5: Datenintegrität (Aktualität der Daten) (5;8:19;23)
keine Unterstützung von Single-Sign-On								[8].PS6: (Security-Identity-Management): - Single-Sign-On - Entitlement (Berechtigungsvergabe in Workflow-Situationen) (5;9:10;20:21)
mangelnde Transparenz der Wirtschaftlichkeit								[8].PS7: hohe Investitionen: - Wirtschaftlichkeitsvorteil ist nicht transparent - ROI kommt erst spät - ROI bei SOA-Projekten ist schwierig zu berechnen (11:12;27)

Anhang G: Gesamtauswertung der Einschätzung von SOA

	Interview Nr. 1	Interview Nr. 2	Interview Nr. 3	Interview Nr. 4	Interview Nr. 5	Interview Nr. 6	Interview Nr. 7	Interview Nr. 8
SOA reflektiert beides: fachlich getriebener Ansatz und technologie-orientiertes Konzept	[1].E1: SOA reflektiert beides: - fachlich getriebener Ansatz und technologie-orientiertes Konzept - mit steigender Tendenz zum fachlich Getriebenen (1:2)		[3].E1: SOA reflektiert beides: - fachlich getriebener Ansatz und technologie-orientiertes Konzept (1:2)			[6].E1: SOA ist zweigeteilt: SO (Service-Orientierung, fachlicher Teil) und SOA als IT-Infrastruktur (1:2)		[8].E1: SOA ist beides: - fachlich getriebener Ansatz und technologie-orientiertes Konzept (1)
Verantwortung und treibende Kraft ist die Fachseite		[2].E1: SOA ist technologieorientiertes Konzept mit Auswirkungen im fachlichen Ansatz (1)	[3].E2: Verantwortung liegt auf der Fachseite (3)	[4].E1: Fachabteilung ist Treiber (1)	[5].E1: SOA braucht fachlichen Ansatz (1)		[7].E1: SOA sollte vorrangig fachlich getrieben sein: - zunächst Konzeption der fachlichen Services, dann technische Services (1:2:3:5)	
SOA ist neuer Ansatz		[2].E2: SOA ist neuer Ansatz (2)						
Technik als Unterstützung			[3].E3: Technik als Unterstützung (4)				[7].E2: Betrachtung der Technik erst in zweiter Linie (4)	
Wandel von anfänglicher technischen Ausrichtung zur fachlichen Orientierung				[4].E2: Wandel: - Entwicklung von der Anwendungsentwicklung zur fachlichen Geschäftsprozessunterstützung (2)	[5].E2: SOA hat Wandel vollzogen: (anfangs eher technologieorientiert mit zunehmender Ausrichtung am Business) (2)			

Anhang H: Gesamtauswertung des Potenzials von SOA

	Interview Nr. 1	Interview Nr. 2	Interview Nr. 3	Interview Nr. 4	Interview Nr. 5	Interview Nr. 6	Interview Nr. 7	Interview Nr. 8
SOA hat Potenzial	[1].PO1: SOA hat Zukunft: - liefert Ansatz monolithische Systeme anzulösen (1:3)	[2].PO1: SOA hat hohes Potenzial: - Ansatz Architekturen flexibel zu gestalten - schnellere Reaktion auf fachliche Anforderungen und Veränderungen (1:2:3)	[3].PO1: SOA hat Potenzial: - Trend mit Nachhaltigkeit - prägt auch die Entwicklung von Anwendungssystemen - Konzept mit Substanz - langfristiger Lebenszyklus (1:2:3:6:7:9:11)		[5].PO1: SOA wird sich noch stärker am Business orientieren (1)	[6].PO4: SOA ist ergänzt um betriebswirtschaftliche Sicht: - SOA als Trend: weg von der hartcodierten Anwendungsentwicklung hin zu flexibler Geschäftsprozessmodellierung (5:6)	[7].PO1: SOA ist Architekturkonzept der Zukunft: - nicht nur Hype - Hypephase wird irgendwann überwunden sein (1:2:3)	[8].PO2: SOA wird es schaffen, heterogene Systemlandschaften miteinander zu verbinden (2:6)
SOA hat Marktreife erreicht (→ *vage Behauptung; jedoch Konsolidierung von etablierten Designelementen und fortschreitende Standardisierung sind aber wahrscheinlich*)	[1].PO2: SOA hat Marktreife erreicht: - stabiles Konzept - grundsätzliches Konzept ist etabliert (4:5:9)			[4].PO1: SOA konsolidiert am Markt etablierte Designelemente (1)		[6].PO3: Unternehmen werden auf SOA setzen (4)		[8].PO1: fortschreitende Standardisierung (1)
Weiterentwicklungen / Nachfolgegeneration	[1]. PO3: Weiterentwicklungen sind denkbar (7:8)	[2].PO3: SOA wird sich weiterentwickeln, grundlegendes Konzept bleibt aber erhalten (5)	[3].PO3: Weiterentwicklungen oder Nachfolgegeneration wird es bestimmt geben (8:10)	[4].PO2: Weiter- bzw. Neuentwicklungen (4)		[6].PO2: Weiterentwicklungen (3)	[7].PO2: Irgendwann wird es ein neues Buzzword geben (5)	[8].PO3: SOA wird sich weiterentwickeln (3:4)
(Historische) Entwicklung + Evolution		[2].PO2: historische Entwicklung: - früher Objektorientierung - heute Serviceorientierung (4)				[6].PO1: historische Entwicklung: - heute EAI, morgen SOA, übermorgen was Neues (2)		
Gartner Kurve (→ *irrelevant bzw. kann verallgemeinert werden zu „SOA hat Potenzial"*)			[3].PO2: Vergleich mit Hypekurve nach Gartner: - im Bereich der Hypephase - langfristiger Lebenszyklus - in 3-5 Jahren auf Plateau of Productivity (4:5:6:7:9:11)					

Lebenslauf

PERSÖNLICHE ANGABEN

Name	Patrick Zöller
Geburtsdatum	6. Dezember 1976
Geburtsort	Hachenburg (Rheinland-Pfalz)
Nationalität	Deutsch
Familienstand	ledig, keine Kinder
Wohnort	Im Geeren 90
	60433 Frankfurt (Hessen)

SCHULBILDUNG

08/1983 – 07/1987	Grundschule Kroppacher Schweiz
08/1987 – 06/1996	Privates Gymnasium Marienstatt
	Leistungskurse: Mathematik, Physik, Geographie
	Abschluss mit allgemeiner Hochschulreife

WEHRDIENST

09/1996 – 06/1997	Wehrdienst bei der Bundeswehr in Koblenz

STUDIUM

09/1997 – 07/2001	Studiengang: Ver- und Entsorgungstechnik
	Fachhochschule Köln
	Akademischer Grad: Diplom-Ingenieur (FH)
	Gesamtnote: 1,8 (Prädikat)
10/2001 – 03/2007	Studiengang: Wirtschaftsinformatik
	Universität zu Köln
	Akademischer Grad: Diplom-Wirtschaftsinformatiker
	Gesamtnote: 1,8 (Prädikat)

PRAKTISCHE ERFAHRUNGEN

06/2002 – 11/2002	Praktikant bei T-Systems PCM AG in Köln
05/2003 – 12/2004	Studentische Hilfskraft bei der Fraunhofer Gesellschaft in St. Augustin im Institut für Algorithmen und wissenschaftliches Rechnen (SCAI)
01/2005 – 02/2006	Studentische Hilfskraft und Tutor am Lehrstuhl für Wirtschaftsinformatik bei Prof. Dr. W. Mellis an der Universität zu Köln
03/2006 – 08/2006	Praktikant im Ausland bei Larsen & Toubro Infotech in Indien (Mumbai und Bangalore) im Bereich Business Development
08/2006 – 10/2006	Praktikant bei Deloitte Consulting in Düsseldorf, Frankfurt, Hannover und Braunschweig im Bereich Financial Services Solutions
seit 04/2007	Consultant bei Accenture GmbH in Frankfurt, München und Berlin im Bereich IT Strategy & Transformation und Enterprise Architecture

SPRACHKENNTNISSE

Deutsch	Muttersprache
Englisch	fließend in Wort und Schrift
Französisch	Grundkenntnisse

Frankfurt, im November 2007

Autorenprofil

Patrick Zöller studierte Wirtschaftsinformatik an der Universität zu Köln und erhielt sein Diplom im Frühjahr 2007. Derzeit tätig als Unternehmensberater im Bereich IT Strategy & Transformation mit der Spezialisierung auf Enterprise Architecture befasst er sich u. a. mit Herausforderungen und Potentialen von Service-orientierten Architekturen im konkreten Kundenumfeld.